神は、やさしい科学

酸化還元と超伝導で、若返るが可能。

重川風天

【はじめに】

重川風天と申します。

風天という名前を20年以上も使っていると、周囲から認知されるものですね。認知されると、それとなくエネルギーが出てくるのです。

なぜ風天か？　ふうてんと云う波動がとても好きなんです。フーテンの寅さんみたいに、今の時間を自由に生きている。言いたいことを言う、我慢しない。そんな自由な気持ちで大宇宙を楽しく観ています。

今、世の中が大きく変化しつつあります。物質文明では見える有限世界の資源や領土、お金の奪い合い、戦争、闘争、殺し合いをずいぶん長く体験してきましたが、そろそろ終わりになると思います。

これからは、いやすでに世の中は、物質世界と精神世界のバランスのとれた精神文明へと向かっています。精神文明とは、別名、エネルギー文明とも言います。

無限に存在する全知全能の宇宙エネルギーから全てのものをつくり出すことのできる科学の時代が始まりつつあります。

それを宇宙科学と呼び、別名、創造の科学とも言います。思う、想像（イメージ）することから創造のプロセスを経て、物質化や、又、不要なものを非物質化する科学です。

【はじめに】

今まではごく一部の人、釈迦やイエス、サイババ先生、知花敏彦先生でしたが、これからは多くの人ができるようになると思います。科学ですから同じ条件でやれば、誰でも、いつでも、再現性がありますす。そして、資源はじめ必要なものが、この空（くう）からつくり出せるようになれば、もう、ものの奪い合いは必要なくなり、分かち合いや与え合いの世界が出来るのです。全人類が幸せになるのは当たり前のときが近づいていると思います。

知花先生に出会ってからは、なぜか毎日が実験生活に、なってしまいました。

２５年間、仮説、実験、直感、確認の繰り返しです。実験とは、「実際に体験する」という気持ちで実践しています。どの局面でも必ず「気付き」があります。その時は小さな気付きだったのが、後になって大きな気づきになることが多くあります。

当時、知花先生に私が「こんな風なことを思いついたのですが」と話をすると、すぐ「実験したのですか？」と言われます。

私は「実験はしていません」と返事をすると、「すぐに実験してみなさい。自分で更に深く分かりますよ。実際に体験すると、何でも分かってくるのですよ」でした。

日常生活すべてが心・口・為の本番実験です。真剣に生きていると、気付きと喜びで満たされるのです。

私は子供の頃から学校の教室以外は、ほとんど勉強したことがありません。本も全くと言っていいほど読んだことがなかったのです。読もうとすると眠くなったり、別のことがやりたくなってしまいます。

今までの私の人生は全て、耳学問です。何故か私は、耳から聴きながらイメージすると、その人の言っている内容が本当に良く理解できました。しかもその内容だけにとどまらず、その話の周辺の事柄までがなんとなく見えてくるような気がしました。それは、頭を使わないで出来る、とても楽チンな方法だったと思っています。

特に知花先生の話は、本当に深い、深い、たとえ話ですので、イメージが大きく影響するような気がします。自分の出来る範囲ですが、神をイメージしながら聴いていると、とても楽しく理解できるように感じています。

真理そのものの話ではなく、エネルギーの使い方の話になると、その話を聞きながら、イメージ力とで、話が終わった瞬間位に、大きな気付きのような、直感のようなイメージが、また、なんとなく、つくり方とか、使い方のニオイみたいなものを感じるところが多くありました。

私の開発の全ては、知花先生からの耳学問と、先生からのオーラみたいなエネルギーで、出来たかと思っています。後になって気がつくのですが、あの講話の、あの言葉や、あの例えと、結びつくみたいです。

この本は、私、風天の研究開発のプロセスやメカニズムを紹介しているのですが、研究の全ては想念波動が中心です。

全て体験話ですから、読んで下さる皆さん一人一人に、エネルギーが入って行くと思います。頭を使った本からは、エネルギーは出てないと思います。体験のことを、「魂が入っている」とも言っているのです。

この本は、酸化還元や超伝導のエネルギーの話もいっぱい入っています。読み終わったら、少しは若くなっていることと思います。

「ほんとだ・・・若くなっているぞ」

そんな楽しみもイメージしてお読みください。

重川風天

『神は、やさしい科学』——目次

【目　次】

◆第１章◆
おもしろい体験

朝日と共に現れたプラチナ色のエネルギーマーク

誰でもが大なり小なり、夢でもなく、錯覚でもない、不思議な体験をお持ちだと思います。私、風天もどちらかと言えば、変な体験が多くあった方だと思っています。その中でも私の生き方を変えた、とても大きな体験の話をします。

あるマークとの出合い

今から３０年ほど前、私は朝日が好きで何年間も毎日見ていました。

2階から朝日が見えるところに家を建て、朝日を見るのが楽しみでした。ところが、隣に大きな家ができてしまい、毎朝、太陽の見える位置まで移動して見るようになりました。

雨や雪が降らなければ、ゴザと毛布を持って、ほとんど毎日、瞑想をするような格好で、朝日に遊んでもらっていました。

山沿いから朝日が顔を出す瞬間は、毎日、毎日、興奮するような気分でした。それが1日のスタートでした。

(今日は夏至の日です。日の出の位置は一番左側の山の一番高いところのはず……)

ところが、それが10年間で大きく動き、ずいぶん離れた位置になりました。それは地軸が大きく傾いてしまった結果だということも、朝日の位置で見せてもらっていました。

２０年ほど前、いつもとは何となく違って、どんよりと静かな朝でした。いつもは雲が自分のイメージ通りに動くのですが、その朝は違う動きをするのです。でも、いつものように輝く朝日に合掌して目をつぶりました。

しばらくして目を開けたら、朝日の横にプラチナ色に輝くマーク（後の風天マーク）が現れたのです。それが斜め右上にゆっくり昇っていくのです。ある程度、上に昇ると消えて、また、元の位置に現れ、ゆっくりと同じ動きを繰り返して見せてくれるのです。

私は呆然として見ていたようです。そして目を閉じたら、そのマークだけが光り輝いて、上下の動きを繰り返しているのです。

しばらくして正気に戻り、何だかわからないけど、とにかくすごいものを見てしまったという思いでした。目を開けても閉じても見えるのは、心で観ているのだと思いました。

それから、そのマークが何なのか、なぜ見えたのかを追求するようになり、その後の私の人生観は全く変わってしまうのです。

その後、このマークを当時、私の会社のシンボルマークにしました。とにかくきれいな形のマークだと思います。このマークに当初はエネルギーを感じなかったのですが、このマークが好きな社員がいて、マーク

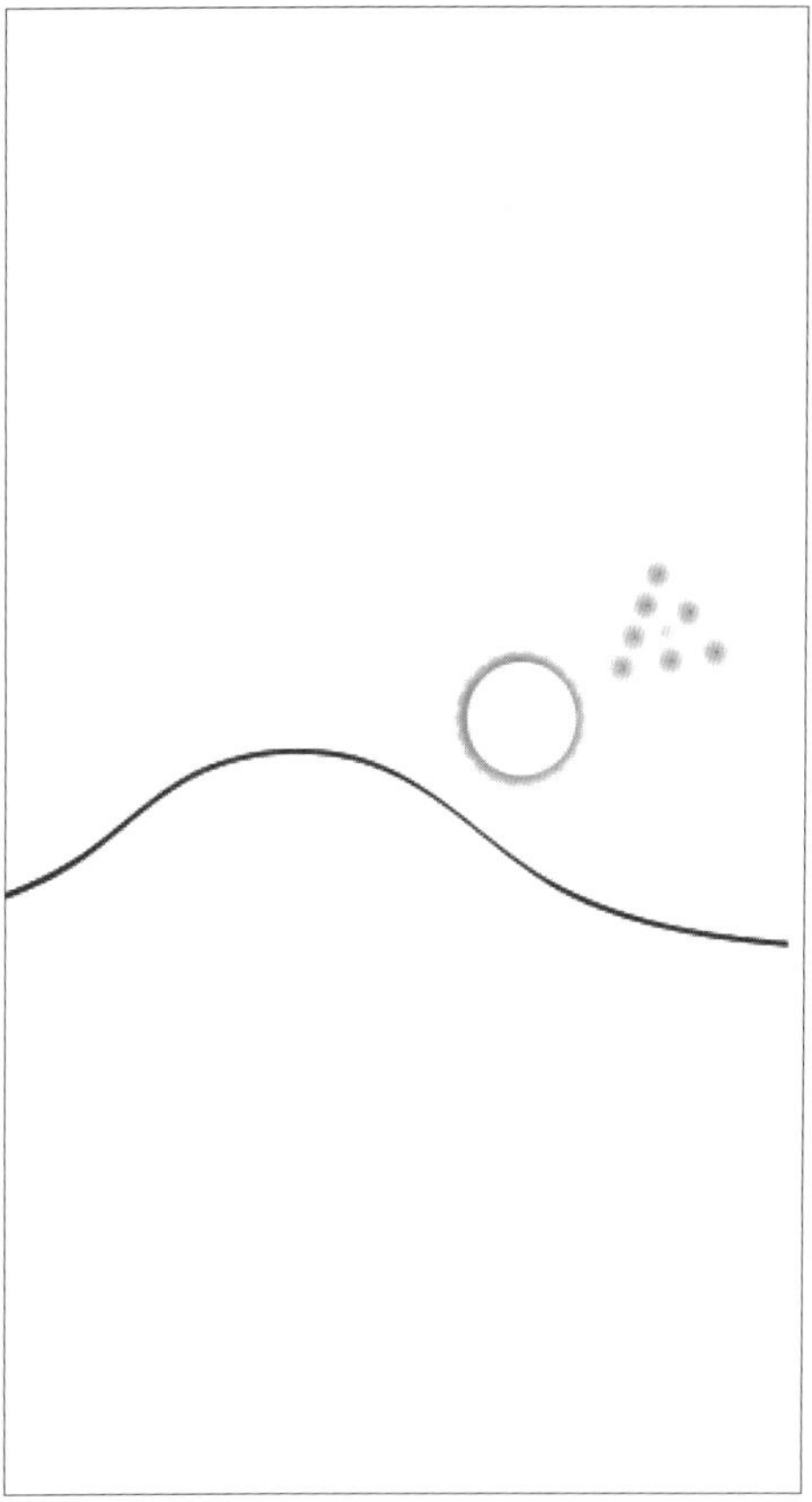

に手をかざしてはエネルギーが出ているかを見ていたようです。

ある時、その社員が私に「社長、このマークですがすごいエネルギーが出て来ましたよ」と言うのです。私もすぐに手をかざしてみたら、手のひらにビンビン感じるのです。はじめはその社員のプラシーボ効果とか先入観念だったのかも知れませんが、私も含めてみんなのプラシーボ効果でエネルギーがどんどん増えて行ったと思います。

それから、このマークを十字架にたとえ、イエスの「愛の宇宙法則」と釈迦の「因果の法則」を意識ではめ込んで、これを見たり使った人の思いがすぐ現れるように成長してきました。陰にも陽にも働く中庸の絶対図形として、世の中で大きく働き続けているのです。

知花敏彦先生との出会い

その数年後、知花先生に出会うことができました。この出会いで、私は本当に変わってしまいました。「運命の神様、ありがとう」という思いです。

知花先生は、沖縄で１０年ほど真理を説き、その後、本州のどまん中山梨県の清里で、真理の指導をはじめたのです。

知花先生の初めての講話は、清里で聞きました。ぴったり夜８時からのスタートです。その日は３０人ほどの人が集まっていました。

「みなさんこんばんは。さっそくですが……」と講話に入りました。

当時、私は生長の家の信者でした。神の話、生命の話、どんな話を聞いても、すべて生長の家の谷口雅春先生とダブらせて理解するクセがついていました。

そうだ、そうだ。わかるぞ。

あれ？　これは違うぞ。

とか、３０分くらい左脳を使って納得しようとしたり、戦ったりしていました。そのうち、だんだん疲れたのかも知れませんが、私の中の谷口雅春先生が消えてしまいました。知花先生の話に集中できたのです。

そしたら、胸や体が熱くなって、その目から涙がジワッと出てくるのです。そして、頬を伝わってどんどん流れだすのです。

少し恥ずかしくなって、唇をかみしめます。それでも涙は、どんどん流れます。２日目、３日目も同じように涙が流れ落ちました。いつまで続くのかと思っていたら、7回同じ現象が起きました。8回目からなぜか涙はピタッと止まってしまい、逆に拍子抜けした感じでした。

その涙の流れた後の清々しさは、どう表現したらいいのか分からないほどでした。

春のゴールデンウイークは、1週間くらい休みがとれました。

その間、もちろん清里で過ごします。清里は標高900メートルくらいです。そのころは、草木が一斉に芽を出し、あたり一面が若竹色の世界です。その周囲は、新芽から出るエネルギー、オーラであふれています。

すべての生物が活動し始めたその頃は、心身ともに安定した毎日です。

朝の講話、昼の瞑想、昼寝、夜の講話は、何とも言えない心地よさです。昼寝が終わり、外に出て、若葉の景色を見ていたら、そよ風が私の頬を軽くなでるのです。風が私のからだ全体を愛撫してくれるのです。

その瞬間、
あれ、私は風とひとつになった。

風が私だ。私は風だ。

そんな妙な感じになり、私と風が完全に一体化したような気分になりました。生まれて初めての体験です。

こんな面白い気持ちになって、今度は、まなざしを若葉に向けたら、私と若葉がひとつになっている感じがします。意識を青空に向けたら、青空の中に吸い込まれて行くのです。

そうか、心静かに意識を持っていくと、何とでもひとつになれるのか。

そんな気がしました。

知花先生がよく使う言葉です。

「あなたは、あなたの思った通りのものであって、それ以上でも、それ以下でもない」

本当にそうですね。その感覚は、その後の私の人生に大きく影響を与えています。

あなたの生まれた目的

あなたたちは何のために生まれてきたのですか。

お金をためて良い生活をするためですか。美味しいものをいっぱい食べるためですか。素敵な相手と結婚するためですか。それとも会社の社長をやるために生まれてきたのですか。

毎日、講話の中にこのような意味に取れる内容が入っているのです。

すべての人類の目的は、まず、本当の自分を知ることです。自分が何であるか分からずして、他にどんな素晴らしいことが分かっても意味がないでしょう。

あなたは本当に人間ですか。肉体ですか。個人ですか。よく考えてください。

生命があなたでしょう。魂があなたではないですか。それを悟りと云うのです。肉体を持ったまま悟らなければならないのです。

頭と知識では、当然分かっているのですが、知識で分かっていても、それは分かったというのではありません。実感しなければならないのです。

毎日、毎日、こんな話になると、いつも怠けているような気分になってしまいます。ついに、私も心の中で大きな決断をしてしまいました。

本当の自分とは何かを知らずして、一生を終るのは嫌だ……。

「よし、生まれ変わろう」

生まれ変わるには、一度死ななければならない。そうだ、これで死んだことにしよう。

当時、私は社員200人近い会社の社長をしていました。「会社は、社員みんなでやってくれ」そう頼んで、これまでお世話になったたくさんの方々の、住所録、電話番号、名刺、携帯電話の登録、すべて捨ててしまいました。

誰にも言わずに家を売り払って、家族で知花先生の住む山梨県の清里に引っ越しました。毎日、講話を聞き、瞑想する、それが中心の生活を送ると言うのが私の決断でした。

会社を辞める、引っ越しをする、すべて強行突破でやってしまいました。

真冬の朝6時、氷点下15度。それでも休まず講話を聞きに行く、あのエネルギーは一体何なのだろうと思うくらい自分でも不思議でした。

正に生まれ変わるための生活でした。

当時、その環境にいたら、それが当たり前になってしまうのですね。これから真理を学び悟りの方向へ進むまで、自分をその気にさせるまで環境はとても大切ですね。

本当に良い水は、ＨＯ２です

講話を聞くことがマンネリ化したときは、話は聞いているものの、別のことを真剣に考えていることもありました。その頃の私は、「水」に関心がありました。

講話を聞いている途中から、雑念が湧いてきたようです。

……日本で一番よい水は、どこの水なんだろうか。2千年前バプテスマのヨハネが、水で洗礼した時の水は、綺麗な石の間を通って来た、透き通った水だったのかなあ……などと、イメージしながら、ずっと水のことを考えていました。

そのうちに、講話の終わり頃になり、先生の声が聴こえてきました。

「みなさん、本当に良い水は、HO2です」

誰かが、「H2Oじゃないですか」と。

「HO2です。じゃあ、説明しましょう。日本の国は「みずほの国」です。「みずほ」とは、水と炎（黒板に字を書く）のことです。水は水素で、Hです。火は、エネルギーで酸素です。炎は火が二つで、つまり酸素が二つで、酸素はOだから、HO2になるのです。

みんな、「ええー」っと、声を出しています。私は、これはもしかしたら、私へのメッセージだ。ずっと、「良い水とは何か」を考えていた、私へのメッセージだ。間違いない、と思ったのでした。

それからと云うもの、そのことがずっと頭にあり、寝ても覚めてもじゃないけど、ＨＯ2、ＨＯ2と、考えていました。

ある日、テーブルにあった、大きめのメモ用紙に、「ＨＯ2、ＨＯ2、ＨＯＯ、ＨＯＯ」と、ＨＯ2をＨＯＯと、メモ用紙に、縦に、何気なく書いて、どんどん書いていたら、一番上のＨＯＯと、すぐ下のＨＯＯが、Ｈが二つとＯが一つの集まりで、残りのＯが三つで、ひとつの集まりに見えたのです。

「あっ、そうか、ＨＨＯと、ＯＯＯだ。Ｈ２Ｏ、つまり水と、Ｏは、酸素エネルギーだから、水とエネルギーだ」

私はその頃、「バランスのとれたミネラル水が良い水だ」と云う思いがあったのですが、「ミネラルではなく、エネルギー」だったのです。

「水に光を当てると、味が変化する」ことは、実験で分かっていました。「そうだ、光を当てれば良いのだ。光で最高は、虹の七色が一つになれば、白光になる」。太陽の光の中には、七色が入っています。しかし、太陽の光を当てても、水はあまり変化しないのでした。

そこで思いついたのが、「七色のビー玉を水の中に入れ、太陽の光を当てたら、変化するかも」でした。思い立ったら、即実行で、七色のビー

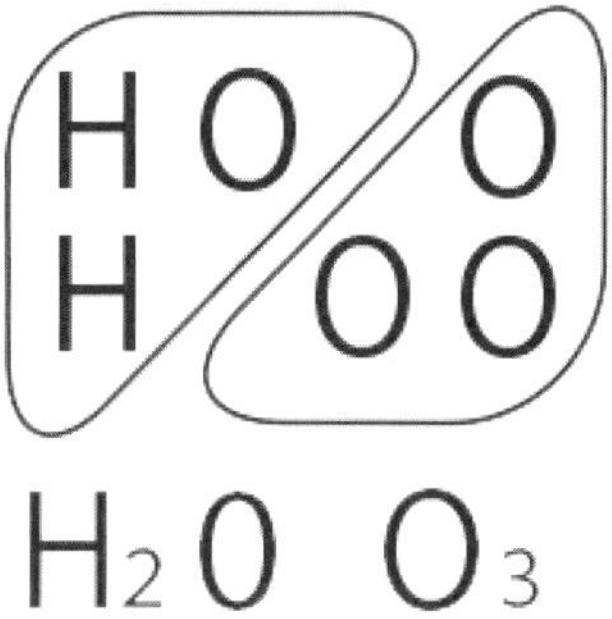
H O O
H O O
H_2O O_3

玉集めが始まりました。４色までは、見つかったのですが、あとの３色が、昔はあったのですが、顔料が、色によっては毒性があると云うことで、今は作れないことが分かりました。何とか、昔のビー玉がないかと探しましたが、見つけることが出来ませんでした。

「中国は、規制が遅れているので、中国にあるかも知れない」と云うことで、中国に年に何回も行く人に頼んで、探してもらいましたが、一色だけ近い色が見つかり、それはそれで由として、あとの二色は、透明なガラス玉を入れて、自分のイメージで色を作ろうと思いつきました。

何回も、何回も、実験をやりましたが、一色は簡単にイメージできるのですが、２色同時では、なかなか大変なのです。それでも、心を安定させ、気持ちを集中してイメージした時、一瞬、出来たような思いになり、水の味が、一瞬にして変化したのです。「とりあえず、光で変化したぞ！」

それからは、「どのようにしたら、虹の七色が簡単に使えるのか」を、ずっと考えていました。ある時、「虹の写真」を見ていたら、一度に七色を見ることが出来ることからヒントを得て、「虹をイメージしたら、簡単に七色がつくれる」と思いつきました。「七つの透明なガラス玉を水の中に入れ、光を当てれば、きっと良い水ができる」と。

毎日、毎日、実験の繰り返しです。そのうちに「実験って何なんだろう」などと、意味不明はことを考えたりもしました。

実験とは、一つは「どうなるか分からないから、試してみる」と云う意味と、もう一つは、「こうなるはずだからと、体で感じる、体感する」

と云う意味があると思いました。その後の、私の実験の多くは、「こうなるはずだ……それを実際に感じる」と云う思いでやっています。

「透明な七つのビー玉にイメージで七色を入れ、その七色が一つになり、白光になる」と云う働きを、イメージ（想念）でつくり、その白光（エネルギー）が、水の粒子を小さくして、遂に、「エネルギーのある水」が出来たのです。

私は4月頃、「水は8月8日までに完成するみたいだよ」と、何人かに話をしていました。仲間は、みんなは期待していたようです。

完成したのは、8月6日でした。私は、ボリビアに急に行く用事があったので、完成した水を500MLのペットボトル2本に入れ、飛行機に乗りました。

ボリビアの空港に着いたら、知花先生が、日本からの客を出迎えに到着ロビーにいたのです。私は、バッグから水の入ったペットボトルを取り出し、知花先生に見てもらいました。

ときは、日本時間で8月8日でした。

先生は、この水をじっーと見ていて、「オー、良い水が出来ましたね。この水は原子転換する水ですよ」と云われました。私は、「天にも昇る」心地でした。先生は、「これで満足せず、もっと、もっと、良い水を作りなさい。重川社長、分かるでしょう。爆弾にも、酸素爆弾、水素爆弾と中性子爆弾があるでしょう。その中性子が大切なんですよ！　分かるでしょう」と、私には意味の分からないことを云われましたが、「ハイ」と返事をしてしまいました。

それから数ヵ月後、清里の先生の家に、少し進化したエネルギー水を持って、先生に見ていただきました。

「先生から教わった水がこんな風になりました」

先生は、「私が教えたのではなく、あなたに天啓がおりたのですよ」

私は、「いいえ、先生から講話の中で教えてもらったのです」と言い張ったら、先生は、「天啓は、色々な方法でおりるのですよ、それはあなたの真理です」と。

私が理解できない顔で、ポカーンとしていたら、先生は、「私がボリビアで、農場や牧場をつくっているのは、私の真理なのです。だから、勇（長男で社長）には、一切、口を出させないのです。その水づくりは、あなたの真理なのです。（……私は、その意味がよく分かりませんでした……）これで満足せず、もっと、もっと研究して下さい」と。

この水造りの体験で、エネルギーは一瞬で入れることができるのだと云うことを実感しました。

水活性器「風大和」

初めて売り出した、水活性器です。

一つ一つの働きを、水晶や、ビー玉や、ダイヤモンド、鏡、らせん状に下に落とす右回り、左回りなどの仕組みを作り、その仕組みの中へ、そのイメージ（意識）を入れ込むことが出来るのです。そして、いつまでも同じ働きを安定させるために、固体や形、色々な仕組みを作るのです。それは、今の言葉で云う、「ホールド」をかけるようなものと思って下さい。

安定化させるために良く使うのが、ダイヤモンドです。ダイヤモンドは、硬さと素直さを持っている鉱物だと思っています。「硬い」、「固定する」、「安定する」と云うイメージで使うと、驚くほど安定した働きをする装置になるのです。

水晶は、珪素から出来ています。珪素は、鉱物の中では一番、質料（陰）とエネルギー（陽）のバランスがとれていますので、宇宙エネルギーとか、私たちの意識と繋がり易いのです。意識の入れ方については、後で説明したいと思います。

風天流　水の研究

高輪3丁目の交差点の角に鉄骨のアパートがありました。友人の事務所だったのですが、私が間借りして、3分の2位を使っていました。

私の作った水が、変化しているかどうかは、すべて体感でした。味や臭い、肌につけた時の感触、めだかや金魚を飼ったり、植物を育ててみたり、お風呂に入れてみたり、さまざまな方法で確かめました。特に最初の頃は、水道水との比較で、判断していました。

1カ月くらい過ぎたころ、作った水が何回試しても、水道水と変わらないのです。そこへ友人のHさんが来たので、作った水と水道水の両方を飲んでもらって、その「違い」を味わってもらったのです。両方飲んで、「うーん、あまり変わりませんねえ」と。私もがっかりしながら、「そうですねえ」と。

ところがHさんが、「でもこの水道水、ちょっと可笑しいと思いますよ。塩素の臭いもほとんどないし、味も甘くて美味しいですよ。これ、普通の水道水じゃないですよ」と、不思議そうにコップに入った水を眺めるのでした。

そうか、もしかしたら水を作る装置から出ている光やエネルギーが、直接、水道管に入り、その水道管のエネルギーが変化して、中を通る水も変化したのか……とにかく、調子良く考えるのが私の癖です。

そこで、隣の花屋さんから、水道水をもらってきました。早速、その水道水を調べてみたところ、味わい、臭い、肌触りが、この研究室の水道水と全く違ったのです。この研究室の水道水は、肌につけるとスベスベになります。「研究室の水道管が変わったんだ。水道水が変わったんだ。これはすごいぞ」と、二人で大喜びしました。

お風呂の垢だらけの水

そのうちに、「水の研究家」や「バイオ博士」が、私の研究室に遊びに来てくれるようになりました。私はてっきり、「守護霊が入れ換わったのかな」と、勝手に思いました。

こんな実験もしました。お風呂に、24時間温まる装置を取り付け、毎日、湯船の中で、石鹸なしで体を洗い、1ヵ月くらい水を換えないのです。そして毎日、作った水をバケツ1杯くらい湯船に補充するのですが、ずいぶん濁って来て、垢も浮いています。でも、臭いがしないので、毎日続けているのです。お風呂からあがるときは、シャワーで体を流します。

ある日、その風呂の濁った水を、ペットボトルに入れて、空気が入らないように、フタをしっかり締めたのと、空気は入るがゴミは入らないように、フタを乗っける程度にしたのと、2種類作り、日付を書いた紙を貼って、ベランダに全部で10本くらい並べました。太陽の陽射しに直接触れたり、風に吹かれたりしていました。

毎日、変化を観察していました。1週目が過ぎ、2週目、3週目、何と、あの濁った、垢だらけの水が、次第に澄んで、綺麗になってくるではありませんか。1ヵ月が過ぎた頃には、本当にピカピカに光っているのです。フタをしっかり締めたボトルと、乗っける程度にしたボトルの、どちらもピカピカの水になっているのでした。

丁度、「バイオの先生」が遊びに来たので、ピカピカになった「お風呂の水」を見てもらいました。手にとって眺めたり、ボトルを持ち上げて、青空に透かして見たりしています。すると、「コップを貸して下さい」と言うのです。コップを手渡すと、ボトルの水を注いで、口をつけようとするのです。

私は、「垢がいっぱい入っているのですよ。私の垢が！」

「バイオの先生」は、「何も入れないで1ヵ月で、こんなきれいになった水なら、大丈夫ですよ」と、コップの水を味わいました。「これはとってても甘い水だね。これだけ光って、臭いもなければ、飲んでも大丈夫ですよ」と。私も一寸飲んでみたら、とっても甘く、まろやかで、美味しいのです。

それからというものは、私はその水をきれいな瓶に移し替えて、ベランダに並べておいて、誰かが来るたびに、私が先に飲んで、黙ってその水を差しだしました。そして、みんなが飲んだ後に、「実は、私の垢がいっぱい入った、お風呂の水でした」と、「種明かし」をするのです。そんな「悪い遊び」にはまりました。

でも、水は腐らないで、太陽の光にあたっていると、益々、光り輝き、美味しくなっていました。しかし、その頃は、「どうしてこうなるのか」のメカニズムは、分かりませんでした。スリーエムという会社から出ている、「雑菌テストフィルム」を買って来て、そのテストフィルムに、数滴、お風呂の水を垂らし、４０℃位のお風呂のフタの上に置き、２４時間後に見るのですが、フィルム一面に赤くなり、大量の雑菌が発生しているのが分かります。そんなお風呂の水が、綺麗に光出すのは、誰にも分かりませんでした。

今思うと、ハッキリとは分かりませんが、空気中から酸素のようなエネルギーを取り入れる酸化還元の働きがあったのだろうと思います。なぜそんな力がついたかは、謎に包まれています。

天水と地水　金魚と植物にテスト依頼

小さな水槽を2つ買ってきて、それぞれの水槽に、天水と地水を入れました。

「風大和」と云う水活性器は、直径一五センチ、高さ三〇センチ位の、アクリルで出来た筒状の装置です。中が透明で、入った水がグルグル動くのが見えるのです。筒の外側には、1つスイッチが付いていて、上と下に動いて、カチカチと切り替わるのです。

線は繋がっていないのですが、スイッチを上にカチッとした時に、出る水が「天水」で、下にカチッとした時に、出る水が「地水」です。筒状のタンクの中に入っている時は、同じ一つの水なのですが、上にカチッと、下にカチッとで、出てくる水の味が変わるのです。

「天水」は、コーヒーやお酒に入れると、味がまろやかになり、「地水」は、コーヒーやお酒に入れると、味が濃くなり、香りも濃くなります。

さて、2つの水槽それぞれに「天水」と、「地水」を入れます。メダカと金魚を、両方の水槽に入れます。塩素試薬紙で調べますと、どちらの水槽にも塩素は、しっかり入っていました。でも、メダカも金魚も死なないのです。

2つの水槽で、一ヵ月位すると、「天水」の水槽の金魚の色は、赤みが次第に薄くなってきて、「地水」の金魚の色は、赤みが次第に濃くなってきているのがハッキリ判ります。そして、どちらも、酸素のブクブクも無いのに、ずっーと、元気に泳いでいるのです。

植物については、「天水」をやると元気ですが、目立った変化は見られません。「地水」をやり続けると、葉っぱの色が濃くなり、肉厚になってくるのです。一年も二年も育てている観葉植物の葉は、とがった葉っぱが、新芽が出るたびに、少しずつ丸みが出てくるのです。

こうして、色々と試してみると、天水（陽）と、地水（陰）の働きも、少しずつですが、想像がつくようになりました。

「地水」で、濃い赤色になった金魚は、「天水」に入れると元の色に戻ります。「天水」で、色が薄くなって、普通の魚のような色になった金魚は、「地水」に入れると、少しずつ、赤くなってきます。金魚の色のコントロールが、自由自在に出来るのです。

メダカに関しては、小さい囲いを作ってやると、メダカは、すぐ卵を産むのです。それも、休む暇もなく、卵をうみ続け、しかも、ちゃんと「ふ化」するのです。

最初、知花先生に「原子転換する水」と言われたのがきっかけで、調子の良い風天のプラシーボ効果が大きく強く働いたためだろうと思っています。意識でどうにでもなると云うことを、少しずつ体感していたのです。

この水は「こんな働きをする」と思うとそうなって、それが度重なって、大きな自信になってきた結果だと思っています。

パーマ液にまぜて使う

その頃、清里へ知花先生の話を聞きにきている人で、美容師の先生方が数人いました。その中の１人の男性の美容師先生が、風大和の「天水、地水」をパーマ液やシャンプー、リンス、毛染め液にまぜて、効果を確認する実験をしてくれました。

パーマ液の、Ａ液（アルカリ）、Ｂ液（酸性）に風大和の水を数滴、５％、１０％、５０％、７０％などと割合を変えて何度も、何度も実験してくれました。

パーマ液には、地水の方が良くかかることも分かりました。まず、地水を数滴でパーマがしっかり強くかかるのです。地水５０％（Ａ液もＢ

液も同じ割合）でも強くかかりすぎるくらいです。地水７０％、パーマ液３０％位が一番きれいにしっかりかかるのでした。

　毛染め液は、化学薬品もヘナも地水の方がしっかり色がつくことも分かりました。シャンプーやリンスなどは、天水の方が良いことも分かり、美容店さんへ風大和の装置が口コミで広がってくれました。

　水の働きとしての効果の一番は、風大和の水を使うと髪や地肌や手が荒れないなど、化学薬品の毒性が消えてしまうのです。次にパーマ液やシャンプー、リンスなどの目的の働き、パワーが増すことでした。パーマ液などの悪臭もほとんどなくなりました。

　美容師さんの見習いの方などは、シャンプーするなどの仕事が多く、手荒れがひどいために美容師をあきらめる方もいらっしゃるらしいのですが、風大和の水があると、手も荒れず楽しく仕事が出来たようです。

天水も地水もバランスのとれたエネルギー水です。

波動の高いエネルギー水のため、パーマ液やシャンプーなどよりも、はるかに精妙な（粒子の振動）バランス（調和）の振動数が毒性（偏り）の波動を調和させて毒を消してしまうのです。

また、使う人の調和の意識と反応して、コーヒーやお酒の味が濃くもマイルドにも変化するのです。

その頃、東京のマンションに住んでいる、知人の伊東さんから電話があり、「花屋さんで、バジルの植木を買ってきたのだけど、油虫がいっぱいついて大変なの、何か良い水ないのですか？」と。早速、作ってあげました。そして、その水を一〇〇倍に薄め、バジルにかけたところ、二日くらいで、油虫はいなくなり、まずはメデタシ。ところが、その水を毎日、バジルに撒いたところ、「一週間で葉っぱが三倍くらいに大きくなった」と、写真を送ってくれました。また、正月咲いていたシクラメンが、今は花はなくなり、葉っぱも数少なくなって、「やっと生きている」状態の鉢に水をかけつづけたら、真夏なのに花が咲いてきたので、これもビックリでした。……「そうか、植物にも『すごい働き』をすることが分かり、農業にも使って行くきっかけになりました。

その頃、知花先生がその水を少し実験してくれました。1ヵ月ほどして先生から電話がありました。

「冷蔵庫に天水と地水を並べて入れておいたら、地水だけが氷ってしまうのです。一旦融かして位置を入れ替えても、やはり地水だけが氷るのです。3回くらい繰り返しテストしたので間違いありません。結果は分かったのですが、応用はこれからの研究です」

ボリビアで農業体験

「風大和」の水活性装置で作った水が、農業に「良く働く」ことが分かり、私の心は弾んでいました。

「全て、陰と陽で、エネルギーが発生するんだ……日本は天照大神で陽だし、ボリビアはインカ帝国（陰日・インカ）で陰になっているし、日本とボリビアで農業実験をして、本当に農業に良い水を研究してみよう」と、始まりました。植物が、暑さに強く、寒さにも強く、大きく成長するようなエネルギーの水が出来たら、万能の農業水になるはずだ。暑さに関しては、ボリビアのサンタ・クルス、日中の気温が４５℃位まで上がります。寒さに関しては、標高８００～９００メートルの清里か長坂あたりでやれそうです。……そんな、荒っぽい考えでスタートしたのです。

ボリビア半分移住スタイル

「貯金０、借金０、食べていけて、知花先生の学びができて、瞑想ができて、好きな研究ができればいい」と云う考えでした。友人が、サンタ・クルスで三千坪の土地を買い、２００坪位の建物をつくりました。

サンタ・クルスの街には、水道がありますが、郊外はみんな、井戸を掘って地下水を汲み上げ、軽く浄水して生活用水として使っています。敷地のどこに井戸を掘るか、私が2本の太い針金を持って、ダウジングして水脈を見つけました。まあまあの良い水が出てきたと思います。後で地元の人に聞いたのですが、「どこを掘っても同じ」みたいなことを言われました。

井戸の水をポンプで汲み上げて、敷地内や建物へ配管して、水道と同じように使うのです。飲料水と食事に使う水だけは、日本から持ってきた浄水器を通して使います。でも、水に石灰分が多くて、すぐに詰まってしまうのです。すこし広めのお風呂をつくり、電気の24時間風呂を付けたのですが、熱を出す部分に石灰が付着し、石みたいに硬く固まり、1週間もすると使えなくなる状態でした。

風天のつくった水活性器「風大和」を2台持ち込み、1台はポンプ小屋に据え付けて、汲みあげた水の一部を水活性器に通して、エネルギーを入れます。井戸には、直径一〇センチ程の筒が水のあるところまで入っています。筒の中には、水を吸い上げる為の「塩ビの水道管」が入っています。筒の隙間から、エネルギーの入った水を常時、地下の自然の水タンクの中に、落し入れるのです。その自然のタンクの中で、五千倍～一万倍位の倍率で、地下の水にエネルギーが入って行くのです。

そして、エネルギーが入った井戸からくみ上げた水は、シャワーや24時間風呂の熱の部分には、石灰は付着するのですが、硬くならないのです。手やスポンジで簡単にお掃除ができるのです。水の中にある石灰が、塊としては集まるのですが、硬くはならない、柔らかいと云う現象が起きたのです。他にも、「ある仮説」をたてて、試してみたら、７０パーセント位は成功しました。それは水の性質が、大きく活性化した証しとなりました。

街の水道水でも、多少は石灰が入っているため、ヤカンや鍋には、石灰がカチンカチンに固まり、取るのが大変なのです。水活性器「風大和」

で作った水の入った井戸水は、石灰は少しだけ周りに付きますが、スポンジで簡単に取れるので、大助かりです。

ボリビアは、そんなアルカリの石灰の入った水のため、胆石や、腎臓結石や、尿道結石になる人が、大変多いのです。でも、私たちは「石灰は入っているが、固まらないので結石にはならない」との勝手な解釈で、ガブガブ水を飲みました。

熱を加えたら固まるはずの水中の石灰が、固まらない。質料としての石灰は変わらないけれども、エネルギーとして働く石灰分が変化しているのです。物質の毒性を消すヒントは、この時に気付いたのでした。

敷地内の土壌造り

三千坪の敷地の周囲に、煉瓦で塀を造りました。家を2棟建て、小屋も建てました。田んぼや畑をつくり、野菜やコメを栽培し、池をつくり、魚を入れて釣りをしたり、水草花を育てたりしました。犬を2匹、ニワトリを10羽。果実の木は、バナナやマンゴ、オレンジやパッションフルーツを、楽しみながら育てました。

さて農業の件ですが、ここサンタ・クルスは、標高400メートルで、四方八方に地平線が見えるような広い台地にあります。土は赤い粘土で、雨が降るとグニャグニャして、流れ出すのです。逆に乾くと、カチンカチンになる、癖の悪い、やせた土地です。庭に生えている草は、どれも針金のような、細くて硬くてとがった芝です。そんな芝を、1年かかりましたが、柔らかい芝になり、赤い土の畑も、黒い土に変わり、日本から持って来た大量の種（タネ屋さんからいらないものをもらいました）を蒔き、自分たちで食べる分だけ作るのですが、立派な野菜が出来るようになりました。

ポンプで水を汲み上げているため、安い電気料金で、いくらでも水が使えるのです。地下の中でエネルギー水に変わった水を、毎日ホースで敷地内に撒くのです。自動の散水機をいっぱい用意して、雨が降らなければ、毎日、２４時間水をまく。そして、家の周りだけは散水機を使わずに、丁寧に私たちが撒くのです。時間があれば、ほとんどいつも水を撒いていました。ホースの先の散水器から、霧状になった水が出て、きれいな虹が見えるのです。1ヵ月、2ヵ月と、日が経つにつれて、土の色と質が変わってくるのです。ほぼ1年で、部分的ですが、良い土壌が出来たように思います。針金のような芝が、柔らかい芝草に変わり、現地の花はもちろん、日本の花も育てました。みんな良く、育ってくれました。

畑には、ゴミや牛糞などで堆肥をつくり、化学肥料も少し使いました。トマトやキュウリ、茄子やインゲン豆、小松菜、大根、芋など、少量ずつですが、まあまあ美味しい野菜が採れたと思っています。

1年位は、虫に食べられ、虫のエサ作りでした。1年半を過ぎて、2年近くなった頃、畑に虫はいますが、野菜を食べないのです。現地で野菜作りをやっている日本人が遊びに来ると、必ずと云っていい程、畑の野菜を見ます。本当は、野菜を見るのではなく、野菜の虫を見るのです。虫に食べられていないので、「どんな農薬を使っているのか？」と質問されます。「何も使っていない」と云うと、また畑に見に行くのです。

なぜ虫に食べられないのか？……それは、植物にエネルギーが入り、植物の波動が高くなると虫は食べないのです。虫には食べられる波動の限界があるのです。

昔、化学肥料があまりなかった頃、農家の人は人糞を溜桶にためて、半年くらいで醗酵させ、それを畑に撒いたものでした。

緑の野菜の上を。白い蝶々が飛び交うのどかな風景に見えました。青虫がいっぱいいて、それを食べる鳥たちも飛んできます。緑の大きなキャベツが並んで育っています。キャベツには青虫がいっぱいついて、葉を食べています。良く観ると真ん中のやわらかい美味しそうなところは、虫は食べないのです。下の葉の硬くなった濃い緑の葉ばかり食べているのです。やわらかい真ん中の部分はエネルギーが高く、人間が食べると美味しく栄養のあるところです。下のかたい葉は、役目が終わってエネルギーがなくなった部位です。それを虫が食べて成長するのです。

有機肥料などでしっかり育てた野菜は、虫がつかないのです。いや、食べられないのです。ところが今は、有機農法でもエネルギーが低いため、虫が喜んで食べてしまいます。

これから先は宇宙エネルギーを使った農法で、人間も虫も殺すことなく、殺されることなく、共存できる世界が来ると思います。

敷地内に蚊がいなくなった

サンタ・クルスに住んでいる私たちに、大変なことが起きていました。ボリビアは空気が澄みきっています。空気の中に、ホコリやＣＯ２、邪気（人の出す想念波動で、恨み、妬み、僻み、嫉妬や物欲などの偏った荒々しい波動）が無いことと、周囲に明かりが少ないため、星空がきれいで、天の川や星が間近に見えるのです。「手が届きそうだ」と表現していました。

夜、天上を見上げ、柔らかい芝生の上に寝転がって、星を眺めていると、「星が何かをささやいている」、「星が落ちてくる」ような、ちょっぴりロマンチックな気分になるのですが、でもそれは、最初の5分位で、その後は、大変なことになります。

それは、蚊です。自然環境の中は、蚊や虫の住まいだと云うことです。

ボリビアの蚊は、とても大きくて、日本の蚊の倍以上の大きさで、ぶ厚いジーパンの上からでも刺します。刺されると、かゆみよりも、痛いのです。とにかく痛いのです。近くの日本人の家に遊びに行くと、家には網戸がしてありますが、車から家に入るまでのごく短い時間に蚊に刺されるくらい、蚊が待ち伏せしているのです。

ところが、私たちの住んでいる、「アイアムの郷」では、水が変わり、土が変わり、空気が変わると、蚊が1匹もいなくなったのです。野菜も虫が食べなくなったのです。見えない波動（エネルギー）が変われば、周囲がこれほど大きく変化するという体験をすることができました。

日本から持って来た、寒い地方でしか育たない「大根の種」も蒔きましたが、ボリビアの４０℃もする暑さの中で、普通に育ってくれました。日本の花は、ほとんどがきれいな花を咲かせ、私たちを楽しませてくれました。

◆第2章◆
風天教室

勇気を持って風天教室を始めました

知花先生に最初の頃、言われました。

真理は生きているのです。あなたが理解した分だけカミくだいて、多くの人々に伝えてください。理解できていないことは、決して人に話をしないでください。理解してはじめて、あなたのものになるのです。理解していないことを話をすると盗みの罪が発生するのです。

厳しい指導でした。

18年間全国各地で風天教室を開いています。

ここからは、誌上風天教室として聞いてください。

はじめは２０１７年１月２９日　和歌山での風天教室の話です。

日本語は誰がつくった？

みなさん、明けましておめでとうございます。

今日は、はじめての人、中学生、高校生もいますので、真理やエネルギー、また、この世の変化などを表面的に話したいと思います。

最近は世の中の波動が上がり、時間のスピードが速くなっています。ついこの間、正月のおもちを食べたと思ったら、もう1月も終わろうとしています。２０１７年の１２分の１が過ぎたのです。

1月のことを正月と言いますが、なぜ正月というのか知っていますか。

正とは、「一」に「止」と書きます。一というのは、宇宙は一つ、真理は一つ、神は一さま、全ては一つという意味なんです。

どんなことも一に止める、一つにしてしまうと一切の偏りがなく、全て一に調和するので、それが正しいという意味なのです。

正しいとは完全調和、完全バランス、陰と陽の相対を絶ってしまうと一つになる。それを、絶対というのです。絶対とは、正しいという意味でもあります。

いきなり国語の勉強の時間になってしまって、ごめんなさい。

国語というより日本語と言った方が分かりやすいと思います。少しだけ日本語について、口から出まかせで話してみたいと思います。

日本語は真理や宇宙、科学を理解するのにあまりにも良く出来ているので、３０年ほど前、私は知花先生に質問したことがあります。

「先生、こんなすごい日本語、いったい誰がつくったのですか……」

知花先生は、ニコッとして「良く出来ていますね……」で、終わってしまいました。

その後、また質問するチャンスがあったので、

「先生、日本語は誰がつくったのですか。もしかしたら先生も関わっていたのですか……なぜなら、知花先生は日本語を勉強したこともないのにきれいな日本語、意味の深い日本語を使って私たちに講話をしてくれるからです」

先生が話してくれました。

「日本語は神がつくったのです。意識の高い肉体を持った人を通して、神が天啓のような形で日本語を地上（現れた世界）に降ろしたのです」

知花先生が関わったかどうかは、話してくれませんでした。

正月になると、「明けましておめでとうございます」と言いますが、私は若い頃、年が明けるとなぜ「おめでとう」と言うのかなあ～と思ったものです。

明けましての「明」とは、「日」と「月」です。日は陽で、月は陰です。日と月、陽と陰、＋と－が一つになると、電気などは光を出しますね。

お芽出度う（おめでとう）とは芽が出てくる。植物の種が芽を出すのは、暗いジメジメした土の中へ入れられます。土の中で感じる地上の明るい光を目指して芽を出してくるのです。明るい世界に出てきて生長、活躍できることを、お芽出度うと言うのです。

今の世の中は、物質文明から精神文明へ入ろうとしています。仏教では姿・形のある見える世界、物質を、まぼろしで光がないので、無明世界と呼んでいます。見えない精神やエネルギーのことを、光明世界と呼んでいるのです。

物質文明は暗闇の世界で、暗くてジメジメして、闇(悩み人、病み人)が大勢いる、ちょうどジメジメした暗い土の中へ入れられた種子のような存在だと言うのです。その物質文明の暗闇から、明るい悩みのない、病人のいない精神文明へ芽を出すことを予言している言葉なのです。それが、「明けましてお芽出度う」という言葉なのです。

1月に成人式が行われます。二十歳（はたち）で成人します。子供から大人になったという意味です。エネルギーの世界では、「聖神」と書きます。子供とは、まだ神に目覚めていない人のことを言います。大人とは子供（小人）に対して、大人（だいじん）と書き、本当の自分は人間ではなく神であったと気づく人、「悟り人」のことを言うのです。

エネルギー的に見ると、物質文明はまだ子供のようなものです。17年前、20世紀のことを「世紀末だ」とみんなで騒いだことを覚えていますか。

20世紀とは、西暦20世紀のことです。西暦とは、西洋文明（物質文明）の暦のことです。子供の物質文明からエネルギーの高い精神文明に変わるのが、西暦20世紀末だったのです。二十歳の日本人の成人式と20世紀末は同じ意味なのです。精神文明への移行が少し遅れていますが、まだ現れる前の原因の世界（霊界）では確実に進んでいます。

日本語の話から少し入り込み過ぎましたが、一月、正月、明けまして、芽が出る、成人、聖神、二十歳、20世紀末、それから現れた形の世界での結婚。エネルギーの世界では「結魂」と言います。

今、結婚しない人が増えています。子供を産まない人も増えているようです。日本人の中では、結婚、出産、子育てを輪廻転生の中でたっぷり体験して、もう体験の必要性のない人が多いので、結婚しない人が多くなっているのだそうです。

物質文明

３０年ほど前の話です。私は東京で知花先生の講演会を、企画、主催していました。当時の私は人を集めるのが得意で、時々、「私には人集めの守護霊がついているのかなあ〜」などと思ったことがあるくらいです。

次の講演会は本当に多くの人が参加してくれそうな予感がして、知花先生に「次回は◯月◯日です。４００人位集まりそうなんで、宜しくお願いします」

講演会の当日になりました。ところが、集まりが悪いのでした。結局、予想の３分の１位しか集まりません。知花先生の講演が終わり、控室で先生と私が二人きりになった時、「先生、400人も集まるなんて言ったのに、集まりが悪くて、本当に申し訳ありません」とお詫びしました。

するど先生は、「あなたの責任ではありません。景気のせいです。景気が良いときは真理の話を聴こうとする人はいないのです。みんな、金儲けだ、旅行だ、遊びだと忙しいのです。不景気になったら人は集まってくるのです……。でも、物質文明ももう終わりですよ。資本主義がすでに崩壊しているのです。みえない霊の世界では、確実にこわれている。これから現象界に現れてくるのですよ」

今、それが急激に変わり始めたような気がします。資本主義を壊すのは、外からではなく内側からこわすのです。資本主義で金儲けをしている人たちがこわし始めるのです。何でもこわすのは内からです。家庭をこわすのも、ある団体をこわすのも、全て内からこわします。

イギリスのEU離脱や韓国の大統領の不正などもその一つです。昨年の8月頃、アメリカにおもしろい大統領候補が現れました。私は、もしかしたらトランプさんが大統領になる可能性があると、喜んで周囲の人に話してました。その理由としては、トランプさんが資本主義を崩す役割のような感じがしたからです。

地球上に大きな必要性のある時は、エネルギーをその役割の人に降ろす。そのような役割の人が現れると云うことです。

たとえば、今から200～300年前、地球上に、ある音楽が必要だった時に、当時100年位の間にあれだけ多くの作曲家を降ろしたのだぞうです。それがクラシック音楽です。その音楽は今も、地球上最高の音楽として人々に愛されています。

トランプ大統領のツィッターや愚痴のやり方は、よく観ると理にかなっていることが多く感じられます。「見えない世界で、資本主義を崩壊している」と知花先生が言うような、「崩壊を具現化させる役割」がトランプさんかも知れません。

経済大国、物質文明を体験した日本人はじめ多くの人類は、物質的富に関心が薄れてきています。それは本能的にお金や物では自分が幸せになれないことを理解し始めたからです。

毎日の生活にお金は必要ですが、「最低限これだけあればよい」と云うことを知ってしまい、財産として貯めておく必要性や限度が分かってきているのです。

今までは、不景気になると戦争をしかけたり、物を消費させて、生産量を活発にさせたり、個人に無駄遣いをすすめ、物流を促すようなことをして、景気を良くしてきたのですが、もう物質的な景気は国や政治がいくら仕掛けても、良くはならないと思った方がいいと思います。

物質文明によって科学を育てる

物質文明における、それなりの幸せと便利さをつくったのは、宗教ではありません。科学だと思います。物質文明の初めの頃、明治、大正、昭和の時代、日本人はラジオ、洗濯機、テレビ、自動車、クーラーや音楽とか、農業や漁業など全ての産業は科学がつくりだした幸せでした。その科学が特に発達した理由は、全て軍事産業からです。戦争、戦に勝って領土や資源を確保する目的で戦車や飛行機、軍艦などを、さらにロケットや人工衛星、そして原子爆弾、水素爆弾等の開発でした。

物質文明になると必ず科学が発達するのだそうです。その後、毎日の生活に使う平和利用へと変化して行くのです。そのため世界中で科学が発達して、多くの人類が科学を知り、理解し、活用するようになってきたのです。

その科学の知識、考え方が人類にとって必要だったのだそうです。

神は科学である

物質文明が終わり、精神文明へと変化しつつあります。精神文明とはエネルギー文明のことであります。

物質文明は物理や化学が中心の社会です。肉眼で見える世界、顕微鏡で見える世界、あくまでも姿・形がある世界です。それが物質文明の物理学、化学でした。

これからはこの地球、宇宙に初めから存在する宇宙エネルギーを活用するときが来たのです。目に見えないエネルギーですが、意識を使えば自由に使うことができるのです。そのエネルギーの使い方の話をします。

日本の国旗は日の丸です

日本の国旗は日の丸です。太陽を表しているのです。太陽は昼間で、暖かい光明世界のイメージです。

それに対し夜のイメージ「☆」を使っている国旗が世界中に少なからずあります。星は物質文明の象徴で、星を国旗に使っている国は、物質文明をつくろうとする役割の国なのです。アメリカ、中国、北朝鮮、キューバなどがあります。

日の丸をイメージした「○」を国旗に使っている国もいくつかは見受けられます。そのほとんどは、王様が国を治める共和国です。その国は、ほとんどが日本の天皇家からの分家だそうです。

世界中色々な国がありますが、物質文明を育てる役割の国はアメリカや中国などで、精神文明をつくり育てる中心となるのは、日の丸、日本の国と日本人の役割のようです。

最後は一つの地球です。国境もなく全人類が一つの地球人として仲良く生きて行くようになるのです。

原因と結果

東のことを原因の世界、西のことを結果の世界と呼んでいます。太陽は原因の東から昇り、結果の西へと沈んで行きます。原因の東は精神文明で、結果の西は物質文明です。それを西洋文明と云うのです。東洋の東の先端日本から日が昇るとは、暗闇の物質文明が終わり明るい太陽のような精神文明が始まると云うことです。

日本の国が東の先端で、日付変更線にいちばん近いのです。丸い地球ですから、日付変更線はどこへ決めても良かったと思いますが、今の場所に決められているのでした。誰が決めたかは、それは「ある存在」のシナリオがあって、そのために今の位置なのです。その日の朝は、日本が一番早く始まります。

今私が持っているものは何ですか。コップですね。これは物質ですから結果なのです。では何が原因か……このコップは何から出来ているかと云うと、それは分子から出来ているのです。このコップから分子を取ってしまうと、何も残りません。これは分子の集まりだからです。分子は、原子と電子、中性子の集まりです。原子、電子、中性子は何から出来ているかと云うと、見えない「空」、宇宙エネルギーがつくっているのです。

ここに風天と云う肉体があります。この肉体から細胞を全部取ってしまったら、何も残りません。細胞は分子の集まりです。分子は、原子と電子、中性子の集まりです。それは、見えないエネルギーと質料から出来ているのです。エネルギーが原子、質料が電子の働きをしているのです。また、原子と電子が一体として中性子が働いているのです。

風天は姿・形をした、原子と電子、中性子の集まりだったのです。つまり肉眼で見えない原因の世界、空だったのです。その空は宇宙に一つしかない、全知全能の神の存在だったのです。

◆第3章◆
宇宙エネルギーとは何か

全宇宙の空間には宇宙エネルギーが遍満して存在しているのです。その中に全ての智恵や愛や、能力があるのです。それを全知全能の神と称しているのです。

今まで人類は、その存在をボヤーっとしか分かっていなかったと思います。当然ながら、その使い方も分かってなかったのですが、その存在と使い方をハッキリと教えてくれたのが、釈迦であり、イエスであり、知花先生だったのです。

それは、イエスの説いた「陰陽の法則（愛の宇宙法則）」や釈迦の説いた「因果の法則」です。当然、見たことも触ったことも、食べたこともないのですから、全てたとえ話で説明してくれています。知花先生は、「神は科学である」という言い方で、みんなが知っているような科学用語を用いながら、その見えないエネルギー、神の世界をあの角度から、この角度から、たとえ話で神の存在とその働きについて、２５年間、沖縄や本州のど真ん中、山梨県の清里を中心にして、後年は全国に足を延ばして講話をしてくれました。その時のＤＶＤやＣＤは１０００枚位を残してくれています。私、風天も２５年位、知花先生に学ぶことができました。

宇宙に存在するものは、肉眼では見えないエネルギーと質料しかありません。そのエネルギーと質料で、原子と電子をつくり、分子をつくっています。その分子の集まりが、姿・形の物質をつくり出しているのです。

正確に言えば、見えないエネルギーと質料と中性子が物質（たとえばコップ）の形をしているだけで、コップはあくまでも一時的な仮の姿・形であって、実在しているのはエネルギーと質料なのです。

エネルギー文明について

無限に存在するエネルギーと質料。そのエネルギーと質料が陽（能動）と陰（受動）として、一体となって存在しているのです。それを宇宙エネルギーと呼んでいます。

この力のことを、見えない空（くう）と呼んでいます。また、陽と陰が一体化しているので、愛とも呼んでいます。

宇宙エネルギーとは、解かりやすく云うと万能の力という意味です。

その中には、宇宙の意志や意識が入っています。その意志や意識が、私たち人間の心と身体を通して意志や意識として働いているのです。

宇宙エネルギーは一つしかない

見える物質も、人間の心も、全ては宇宙エネルギーが働いているのです。原子と電子で物を現わし、心を通して智恵や能力として働いています。そのエネルギーのことを、神とか霊とか仏とか呼んでいるのです。

いざなぎの神といざなみの神

古事記に出てくる、いざなぎの神といざなみの神は、いざなぎ（男の神）といざなみ（女の神）が淡路島で結婚して子供をつくって国造りが始まった。淡の「シ」は「さんずい」で、水のことです。炎とは昌のことで、水と昌、つまり水晶のことです。

淡路島とは水晶のような透明な空（くう）、つまりエネルギーの存在のことを云っているのです。子供とは、イエスのいう一人息子のことを云っているのです。息子がいないと神は働かないのです。

父なる神と母なる神

聖書では陽（能動）のことを父なる神、陰（受動）のことを母なる神と呼び、父の愛と母の愛が一体として存在していることを大愛と呼び、天の父、キリストとも呼んでいます。

キリストとは、英語読みで、キリスト→クリスト→クリスタルで、水晶と云う意味です。

聖書では、イエスのことを「神の一人息子」と言っています。息子とは、「自らの心」と書きます。自らとは神ご自身であり、私自身でもあるのです。心とは、意識のことを言っているので、息子とは意識のことを指すのです。

父なる神（能動）と母なる神（受動）が一つになった無限の力を、どのような方向に使うかを決めなければ働かないのです。それを決めるのが意識です。息子（意識）がどのような方向、何の働きをするかを決めるのです。

宇宙は、神は、全て科学的です

全てはエネルギーと質料、陽と陰、父なる神と母なる神、能動（放射・陽）と受動（吸引・陰）で出来ています。プラス（＋）、マイナス（－）ゼロ（0）と周波数で説明できる、科学そのものです。

これからは見えない空や神のことを、科学用語を用いながら、科学的に説明できるようになってきました。これは人類がある程度、科学を理解できるようになったからです。

同じ条件であれば、誰がやっても同じ結果が出る。これが科学です。宇宙エネルギー、神の力の使い方も同じです。神は科学そのものです。

宇宙エネルギーの使い方

その力の使い方を教えてくれたのが、釈迦の因果の法則です。陰陽の愛の法則と、原因と結果の愛の法則がわかれば、宇宙エネルギーをこの三次元で、いくらでも使うことができるのです。

無限に存在する宇宙エネルギーが、いろいろなものに変化しています。

原子と電子、男性と女性、オスとメス、オシベとメシベなどに現れた世界も、陰と陽として相対的に分けられて造られています。その相対の陰陽を合わせる、一つにする、相対を絶つことを絶対愛と呼び、核融合のようなエネルギーで、宇宙エネルギーと同じ働きをするのです。原子が電子を動かす能動（＋）と、動かされる電子（－）の働きのことを分子と呼んでいるのです。

また、オス（精子）とメス（卵子）が一つになることは融合の力で、ものをつくり出すエネルギーとして働くのです。

陰と陽を結び付ける力が必要

精子と卵子、オシベとメシベ、オスとメス、男性と女性の陽と陰が揃ってあっても、何の働きもしません。それを結び付ける、融合させる起爆剤のような火付け役が必要なのです。父なる神と母なる神を一つにして働かせる力、それを一人息子と呼んでいるのです。

息子の「息」とは、「自」、みずからは神の存在で、その心が意志や意識です。その意識が父や母、神の力、宇宙エネルギーを自分の思った方向へ働かせることができるのです。

現れたのもは全て、一人息子です。コップはコップのような働き、鉛筆は鉛筆のような働きをする意識であり、一人息子なのです。

肥料は三つ巴です

肥料の「月」は、形を現わしているエネルギーです。「巴」は、ともえ（ソロバンのマーク）で、三つ巴です。肥料の原則は、酸性（陽）とアルカリ（陰）をリンで結びつけ、燃えさせ、働かせるのです。リン・酸・カリ（カルシウム）が肥料の重要な要素になっています。酸性、アルカリ（カルシウム）とリンがあれば肥料はつくれるということです。

宇宙エネルギーを意識で動かす

肥料の酸（陽）とアルカリ（陰・カルシウム）があって、リンがないときは、意識を使ってリンと同じ働きをつくり出すことができます。そのメカニズムは、リンからはリンの波動が出ているのです。その波動から出る超微弱（細）な磁波が、酸とアルカリを結び付けます。

それと同じ波動を意識でつくり出せば、リンがなくても同じ働きをつくることができるのです。

父なる神と母なる神を結び付ける息子の波動

意識・思い・想念は波動であって、エネルギーです。意識・想念から出る波動から超微弱な磁波が出て、その磁波が空間にある宇宙エネルギー（能動と受動）を自分の思った方向へ働かせるのです。

磁気で録音や録画など多くのことが出来ますが、それと同じような働きをします。超微弱は磁波は、鉛をも通過する超電導のような万能の能力なのです。

究極の宇宙エネルギーの使い方

能動（陽）と受動（陰）をセットして意識すれば、無限に存在する宇宙エネルギーをこの三次元で働く無限エネルギーとして毎日の生活に使うことができます。

風大和研究所の製品は、全てこのメカニズムでつくり出したエネルギーを装置や器具の中に入れ込み、そこから安全で安心な、調和のエネルギーを放射しているのです。

最近、開発した「宇宙船　かぜやまと」は、トリプル（三つ巴）クロスエネルギー、陽と陰と意識、つまり父なる神と母なる神と息子の三つ巴で宇宙エネルギーをつくり出しているのです。

超電導やともえエネルギーは、後で詳しく述べます。

三つともえのエネルギー

◆第4章◆
3次元とは

私たち人類は、三次元の世界で生かされています（受動）。同時に生きているのです（能動）。生かされているのと生きているのは、同じことです。人間、肉体、個人としては、神に生かされています。本質、本源としては宇宙エネルギー、神の立場になれば生きていると表現しているのです。

３つの次元、この世とあの世、神の世の３つです。３つと同じエネルギーと質料、エネルギーは父なる神、原子の働き、質料は母なる神、電子の働きをして分子をつくっています。

この世とは、分子が大きく集まって、肉眼で見える、五官で感じることが出来る振動数の世界で、肉体界と云います。

あの世とは、この世で魂が肉体と一緒に色々なことを体験し、魂が肉体から離れて一休みするところで、幽界と云う振動数のところです。ここはまだ個人という意識があるので、薄っすらとした衣をまとっているような世界です。私の父や母は肉体を離れて数年たちますが、悟らない限り個人と云う意識があるため、あの世で遊んでいるのだと思います。

神の世とは霊界と云って、初めから存在する真理の世界で、全てが一つ、個人としての意識がなく自分が宇宙、神だ、無限能力だと云う意志の世界で、永遠の喜びの世界です。

全て、３つのバイブレーションから出来ているのです。肉体、幽体、霊体、感覚、感情、感性。感性のことを仏性、神性、完成ともいいます。固体、液体、気体。氷、水、水蒸気と云うバイブレーション、３つの振動数の世界が今ここに、同じところに同時に存在しているのです。

周波数がちがうため、ぶつかることは一切ありません。例えで云うと、今この空間にテレビやラジオ、無線、携帯電話、人工衛星の電波などは一切ぶつかることはありません。

全てのものに心と云うものがあります。それは生命みたいな、中性子みたいな存在だと思って下さい。

宇宙には「宇宙心」と云う一つの心があります。その一つの心が、人間一人ひとりのハートセンター、心の蔵の中に象徴として入っています。その心を通して、肉体、幽体、霊体を自由に行き来できるのです。

元々は霊の世界なのですが、肉体を持ってきて長い間に自分が人間、肉体、個人だと一番低い次元に意識が安定しているようなものなのです。それを人間意識、固体意識、個人意識と呼んでいます。また、それを固定観念、固定概念と云っています。

その個人意識、固定概念を捨てなければなりません。本当の自分は人間でもない、個人でもない、初めから霊だったのだ、神だったのだと意識を切り替えていかなければならないのです。

本当の自分、真我を意識する。全ては霊なり、我は霊なり、全ては神なり、我は神なりと本当の自分を意識する、心で観ることを「内観」と云います。イエスの言葉で、「我は血や肉、姿、形に属するものに非ず、我は生命なり」とあり、これは、血や肉とは幽体や肉体のことで、本当の自分ではありません。本当の自分は、姿、形もない霊です。神です。生命です。……という意味です。

霊も神も生命も全く同じものです。全ては初めから存在する霊であり、神であると云うことを認めることが、大切なのです。

「全ては神なり、我は神なり」と。……神と云う想念を思い続けることを瞑想と言っているのです。

自分が神だと思っている時のことを真我と云います。自分が人間だと思っている時のことを自我・偽我と云うのです。

◆第5章◆
毒性とは何か

薬や化学物質はなぜ毒性があるのか

毒性とは、全て偏りのことです。

たとえばここに、浄水器を通したPH7の水道の水があります。当然、おいしく飲むことが出来ます。しかしこの水を何かの装置で電気分解すると、片方にPH1の強酸性の水が出来て、もう片方にはPH14の強アルカリの水が出来ます。どちらも、酸、アルカリが強すぎて飲むことはできません。それは、酸かアルカリに偏っているからです。

ところが、両方を混ぜ合わせて調和・バランスさせれば、飲むことは可能です。その調和・バランスのことを釈迦は中庸と呼んで、イエスは愛と呼んでいるのです。偏りが毒そのものです。

たとえば、ここにヘビの「まむし」がいます。普段、まむしは毒を持っていないのですが、カッと怒ったときに電気分解のような働きが起こり、歯茎に強酸の毒が発生します。その反対に血液の中に強アルカリが発生して、自分自身を守ります。まむしに噛まれたら、まむしを捕まえて、(つかまえれば必ず怒って血液が強アルカリになっていますので) その血液を飲んだりつけたりすると、中和されて毒性は消えてしまうのです。それを「まむしの血清」と言っています。強酸の偏りを中庸に戻した訳です。中庸は癒しで、偏りは毒性なのです。

こんな実験をしました。山梨県甲府市にエンビやプラスチックの加工会社がありました。エンビやプラスチックの廃材を焼却炉で燃やします。煙からは酸性のダイオキシン、灰からはアルカリのダイオキシンが出ま

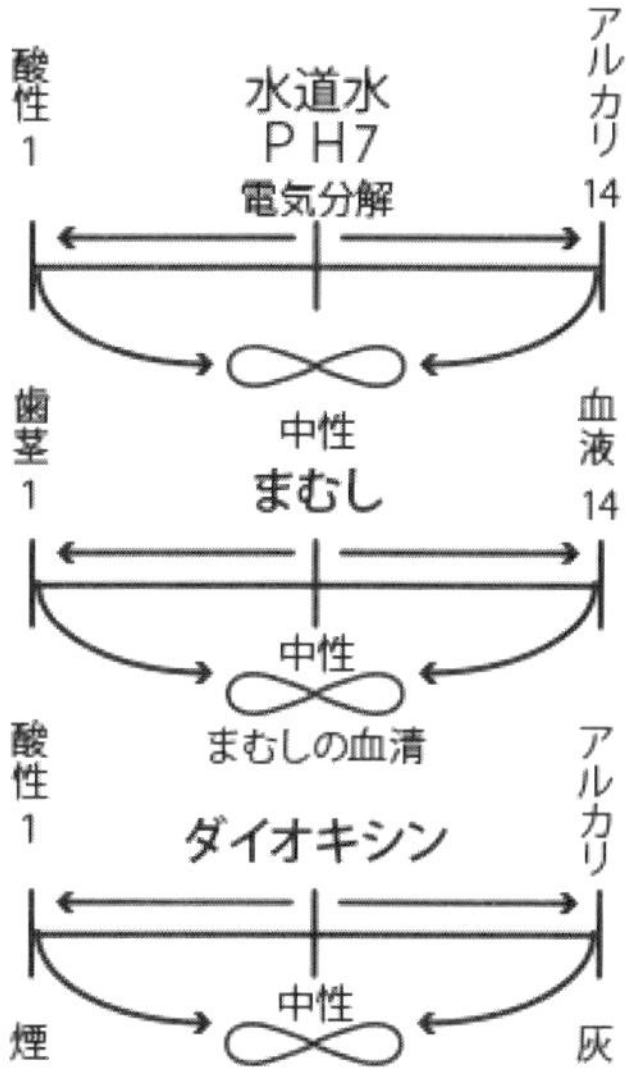
酸性
1
水道水
PH7
電気分解
アルカリ
14
歯茎
1
中性
まむし
血液
14
中性
まむしの血清
酸性
1
ダイオキシン
アルカリ
中性
煙
灰

す。煙突からパイプで煙を水タンクに入れてボコボコと出します。水にダイオキシンを溜めるのです。その水を畑の野菜にかけると1週間位で枯れてしまいます。一方、焼却炉の灰を水にまぜて畑の野菜に掛けると、これも1週間位で枯れてしまいます。

ところが、その両方、酸性のダイオキシンとアルカリのダイオキシンをまぜて野菜にかけると、枯れません。偏りがなくなると毒性が消えてしまうのです。

どんな強い毒でも、偏りを中和し、偏りをなくすれば毒は消えると云うことです。

化学物質の毒性

全ての化学物質の毒性をつくり出しているのは、「偏り」しかないのです。その偏りは、どこでおきているのでしょう。

全国の化学薬品会社が、同じような毒性をつくり出しています。みんなで同じ偏りを、それも化学薬品全部となると何だろうと思っていました。みんなが共通した偏りとは何だったのか。肉眼では見えないし、測定する計器もありませんが、たぶん間違いなく、こんな理由だろうと思います。

化学薬品は、分子、原子、電子、中性子と云った超微細な粒子の世界です。薬品を開発したり、製造している人の想念、意識波動が微細な分子に影響を与えているのだと思います。

ほとんどの人が、自分は「人間だ、肉体だ、個人だ」と思っています。でも、私たち人間は肉体と生命の融合体です。肉体（陰）ばかりを意識していて、生命（陽）をほとんど意識していないために、意識が陰に偏ってしまっているのです。つまり、陰と陽のバランスを大きく崩しているのです。その偏った意識波動が化学薬品の分子に影響を及ぼし、偏った毒性のある薬品をつくり出していると思います。

私が30年前に初めて作ったエネルギー水は、知花先生に「これは原子転換する水ですよ」と言われ、天にも昇る心地でした。……原子転換する水とは、陰と陽が完全に調和した水だと思います。調和すると水の

陰
陽
生命
意識

分子がどんどん小さくなり、超精妙な水になることも後で分かりました。

当時、私は「人間の肉体は結果であり陰であって、生命が原因であり陽である。生命が肉体を今つくり続け、生かし続けているのだ」と云う内容の講話カセットテープを、よく聴いていました。そんな意識が影響して、最初から「すごい水」が出来てしまったと思っています。「偶然などない」と云いますが、まるで偶然のような感じでした。

そんなこともあり、水に関しては最初から超精妙な水が当たり前のように働いてくれるので、本当にラッキーでした。

化学物質はじめ全ての毒性を消す

陰と陽が調和すれば、空気でも水でも超精妙な高いエネルギーに変化して行きます。

精妙の精とは、「米が青い」と書きます。「米が青い」とは、米粒がまだ成長していないために粒が小さいと云う意味です。どんどん粒が小さくなってくると、界面活性で周囲から酸素のようなエネルギーが多く集まってくるのです。

精妙の妙とは、「女が少ない」と書きます。男はエネルギーで、女は質料であってエネルギーではありません。逆にエネルギーが多いと云うことはつまり、「男多」こんな字になります。更にエネルギーが多いときに逆表現で、「妙」、女が少ないと書くのです。「妙」とは、エネルギーが高い（多い）と云うことです。

分子（粒子）が小さくなるとエネルギーが高くなる。それを「精妙」と書くのです。更に「超精妙」になると、粒子ではない、光エネルギーのような存在のことです。光は完全調和、完全バランス、イエスの云う愛や、釈迦の云う慈悲（超精妙な光のようなN＋とS－が一体化している）のことだと思っています。

毒物とは偏りのため、粒子が大きいと思います。超精妙な調和バランスの振動数が化学物質などの粒子（分子の集まり）に入り、調和の振動（バイブレーション）が、毒性の出す偏りの振動を調和させるので、毒性は消えてしまうのです。

自然と人間

自然とは、人間の関わらないことと思っていいと思います。

子供がお母さんに質問します。

「お母さん、自然ってなあに〜」

お母さん「自然とはねえ〜、え〜っと、自然は、自然よ」

お母さんは、自然のことを分かってはいるのですが、あまりにも大きすぎて言葉に表現できないのです。それで、「草木がいっぱいある」とか、「川のせせらぎがきれい」とか、「小鳥が楽しく鳴いている」とか、自然のようすを表現します。これは、「大きな自然」を「小さな自然」に置き換えて見ています。

小さくすると云うことは、反対にして「不」をつけて、「不自然」と云います。「不自然」は小さいため、お母さんには理解できるのです。「不自然って何か変よ、アンバランスよ、不調和よ」と、いくらでも出てくるのです。そうです、不自然とは不調和のことです。今度はこれをひっくり返して、不調和の反対は調和と云うことになります。「人間の関わらない」ところは、全て調和しています。そのため、全ての生物がバランス良く生きています。初めから自然の中は、毒性が一切ないのです。

ところが人間が関わると、とたんに毒性が発生するのです。ほとんどの人間は「偏りをつくるチャンピオン」のような存在だと思います。

地球上で一番の毒物は何かと云うと、それは化学薬品でもなければ、農薬でもない、実は見えない空気の中にあったのです。それは、「恨み、ねたみ、ひがみ、嫉妬」と云う、つまり邪気です。人間の欲望から生まれる邪気は、粒子が見えないほど精妙なために力があるのです。

ある研究家が嫉妬した女性の吐き出した空気をビニール袋に入れ、その毒性を測定した話を聞いたことがあります。たった1回の吐いた空気の中に、数人分の致死量の毒性があったのだそうです。

昔、光化学スモッグと云うのがありました。夏の暑い日、都会の交通量の多い交差点、信号が青になると一斉にアクセルを吹かして発進します。排気ガスＣＯ２がいっぱいあります。また、人の多い都会では多くの人から出る邪気がいっぱい漂っています。ＣＯ２も邪気も酸性です。酸性同士で結合します。邪気は粒子がないため、酸素などで消えて行くのですが、ＣＯ２と結合すると、ＣＯ２は粒子があるため中々消えません。粒子が大きい分だけ、生き続けるようです。邪気を生かし続けるのはＣＯ２で、粒子のない邪気が働き続けるのです。

暑いと酸素は上昇してしまうので、地上は酸欠状態になり邪気が働きやすくなります。そこへ太陽の強力な紫外線が起爆剤になり、爆発するのです。それが光化学スモッグです。その主役は、粒子のない偏ったエネルギーです。

光化学スモッグは、爆発すると粒子がないので物質の分子間を通り抜けるために反応せず、植物、動物、人間の生命力に害を与えます。それで、バタバタと倒れる現象が起こったのです。
爆弾で云うと酸素（原子）爆弾、水素爆弾は粒子があるためあらゆる物を破壊しますが、中性子爆弾は粒子がないため物は破壊せず、生命力を破壊すると言われています。

毎年、春になると花粉症という症状を訴える人が多く見受けられます。花粉は植物の生殖機能ですから、植物の中でも精妙な働きの部分だと思います。なぜ花粉でアレルギーが起きるか、たぶん花粉の振動数が細かいために空間にある邪気とドッキングしてしまうのではないかと思っています。そのため山で働いている人は、スギ花粉はじめいろいろな花粉を吸ってしまうのですが、花粉症にはならないのです。それは邪気がないためだろうと思います。

5年前の話です。超精妙な水にナノ化ミネラルを入れ、「おいしさの素」という調味料をつくったことがあります。ナノ化ミネラルとエネルギー水との振動数を使い、食品の中に入っている防腐剤やもろもろの化学物質の毒性を消してしまうのです。毒性が消えると、どんな食べ物も美味しくなります。それで、「おいしさの素」というネーミングなのです。多くのご家庭の食卓で使っていただきました。

私の友人のAさんは花粉症で、クシャミと、涙と、鼻水と、よだれみたいなものとのコラボで、それはもう大変でした。Aさん、食卓にあったスプレー容器に入った「おいしさの素」を、とにかく何でもいいからと、自分の顔にどんどんどんスプレーしたのでした。するとどうでしょう、一時的にクシャミなどが治まったのです。

Aさんは、でもまたクシャミが出るだろうと思って、今か、今か、まだか、まだかと待っているのに、何も出て来ないのです。それよりも、気分は爽快になってくるではありませんか。「もしかしたら」と、顔にバンバンとスプレーしたら、4~5時間しても、あの不快なクシャミは全く出て来なかったのでした。

「これはすごいことが起きてしまった」と、同じ花粉症で困っている友達を呼んで、二人でお互いの顔にシュッシュッとしました。

翌朝起きて、クシャミも鼻水も何も出て来ないのでした。実に気分爽快です。そして、「すぐ風天さんに知らせよう」と私に電話がかかって来て、一部始終を聞きました。

化学物質の毒性を消して食べ物を美味しくしてくれるミネラル水「おいしさの素」が、花粉と一体化している邪気を消してくれたのでした。多くの花粉症で悩む人に喜ばれました。

◆第6章◆

知花先生の講話「想念波動とは・・・そのはたらきと仕組みについて」

みなさん今日は、想念、即ち波動について話してみたいと思います。

みなさん一人一人は、皆、想念というのを持っていますが、我々の想念というものが、どのように、我々に良い影響を及ぼすかということを理解している人は、非常に少ないのです。

我々の日常生活は、自分の想念の雛型（ひながた）であり、思っている通りのもので、それ以上のものでも、以下のものでもありません。あなたの想念が、あなたに跳ね返って来ないものは一つもないのです。

想念は波動ですから、みなさんから発せられたものは、必ず発した人に跳ね返ってくることを理解すべきです。丁度、池の水の中に石を投げると、その石の投げた中心から輪が広がります。波動が広がってきます。その波動は、岸辺まで行き、ぶつかって、パッとその投げた中心に跳ね返ってくるようなものなのです。

我々から発せられた想念は、宇宙に送信し、宇宙の拡がりとなって、その人に必ず跳ね返ってくるのです。悪想念を発すると、悪の結果を摘みとらねばなりません。これが種まきです。悪い種をまけば、必ず悪い収穫物を得なくてはならないのです。

想念のコントロールというものは、できませんので、私たちは良い種もまくけども、悪い種もまく。これを未だかつて人類は、善悪の木の実を食べているのだ、その影響を受けているのだ、ということが言われるわけです。

神はなぜ完全かといいますと、神には悪想念というものが無いのです。常に完全なる想念を持っていますと、完全なものが跳ね返ってくるわけです。

皆さん方の想念が完全想念になりますと、あなたの日常生活に跳ね返って来るものは、みんな完全なものだけ跳ね返って来るのです。その影響が、我々の日常の生活に現れているということを知らないで、平気で悪想念を持つ人がいるのです。

だから、あなた方一人一人は、あなたの想念の雛型であり、それ以上のものでも、以下のものでもないということが言えるわけです。

あなたから出たもので、あなたに跳ね返ってこないものは、一つもない。言葉しかり、その通りです。言葉も波動ですから。我々の行為も波動なのです。だから、「心（しん）・口（くう）・為（い）」と言いまして、思い、言葉、行いが、我々の日常生活を決めているのです。だから、思いを慎み、言葉を慎み、行いを慎まねばならないのです。これが、「心・口・為」三業（さんごう）といい、人間は3つの罪を犯しているのです。

思いの罪を犯す人、言葉の罪を犯す人、行いの罪を犯す人。誰が、それを刈り取るか、あなたがまいた種は、必ずあなたが刈り取るのです。

これを、「審判の日」というのです。「刈り取りの日」というのです。毎日の日常生活は、毎日が審判の日なのです。

あなたがまいた種を、必ず刈り取っていかなければなりません。あなたから発した想念、発した言葉、これはみんな、あなたの日常生活に、良いにつけ、悪いにつけ、跳ね返ってきています。

想念そのものは、本来は「祈り」なのです。あなたが望んだわけですから。あなたの望まないものは、現れないのです。注文したのです。悪いものを注文すれば、悪いものが送られてきます。非常にやっかいなものです。跳ね返りは4乗といいまして、報いは3倍という言葉がありますが、4倍なのですね。

例えを申しますと、小さな輪から広がるには時間がかかるのです。しかし、大きな輪からしますと、縮まって来ますので、スピードが速いのです。

石を投げますと、輪が広がって行きますので、ゆっくり広がって行きますけれども、縮まって来る時は、スピードは速いのです。スピード加速というものが、4倍速いものですから、4乗と言っていますね。

1という悪を発しますと、4という悪を刈り取らねばならないのです。あなた方は完全であるためには、完全想念を持っていなければならないのです。

皆さんの日常生活の運命は、あなたの想念と言葉で決まっているのです。全部その通り、あなたに影響を及ぼしているのです。だから、あなたの思っている通りのものであって、それ以上のものでも以下のものでもないのです。

完全なものだけを刈り取りたいなら、受けたいならば、完全な想念を発せねばなりません。

私は病気になりはしないかという、病気の種をまく人、死にはしないかという種をまく人、或いは歳をとりはしないかという種をまく人、企業が倒産するかも知れないという想念を持つ人、あなたから発したものは、何らかの影響を必ず及ぼしているのです。だから、自分の敵は自分に在るということが言えるのです。

あなた方と神との違いは、神は完全想念しかありませんので、為すもの、やること、言うこと、全て、完全なものが現れるのです。

だから、あなた方のマイナス思考、マイナス想念、心配、病気になりはしないか、熱を出しはしないか、死にはしないかというものは、誰から出たのですか？　あなたから出たなら、全部、自分に帰ってきます。それが想念波動です。

あなた方は決して、マイナス思考を持ってはならないのです。

憎しみという思いが起こった時、あなたが誰かを憎んだ時、その憎しみは誰に跳ね返って来ると思いますか？　全部自分に4倍になって、跳ね返って来るのです。

人を憎むことは、己を憎むことであり、人の悪口を言うと、誰に跳ね返って来ますか？　全部自分に跳ね返って来ます。それは、否応なしに、刈り取らねばならないのです。

あなた方の日常生活は毎日、種まきをしているのです。いい種をまけば、いい収穫物を得ます。

憎しみと、怒り、誹り、嫉妬、不安、恐怖、或いは、歳を取りはしないか、病気になりはしないか、死にはしないか、こういう悪いものを、どんどんまけばまくほど、あなたの日常生活で、これを刈り取りせねばなりません。

あなた方の種まきが下手なのです。いい思いをしたいならば、いい種をまけばいいのです。これを正想念と言いまして、正想念のみに皆さんが生きていると、みんな正しいものしか刈り取らないのです。

日常生活に現れてくるものは、みんな善なのです。正しいものしか寄ってこないです。

これが、「類は類を呼ぶ」の法則でもあり、「作用と反作用の法則」なのです。

悪の種をまけば、悪が襲ってきます。あなたが、1という悪をまけば、4という悪を刈り取らねばなりません。

皆さんは、悪いことが起こった時、連続的に悪いことが起こってくる。良いことが起こり始めたら、連続的に良いことが起こってくる。これは日常生活で、みなさん体験していると思いますよ。悪いことが起きると、悪いことがどんどん襲ってくることがあるでしょう?

あなた方の想念というのは、ただあるだけではないのです。どんな小さなことでも刈り取らねばなりません。どんな小石を投げても、砂1粒投げても、その水の中に投げますと輪が出来ます。大きいものを投げますと、大きな輪が出来ます。

だからあなた方の、どんなに小さな思いも刈り取らねばなりません。憎しみが深ければ深い程、大きな石を、その水の中に投げたようなものなのです。

それを、この刈り取りそのものを、運命と言っているのです。悪運だとか善運だとか言っていますけれども、運命は誰が築いているのでしょうか。あなたの運命…あなた以外にはつくれないのです。

（知花敏彦先生の講話シリーズＤＶＤ「想念波動」より抜粋）

想念は何が行っているのか

私は長い間、頭で、脳みそで、考えていると思っていました。

私たちは毎日、思ったり考えたりしていますが、その「思う」、「考える」のは一体誰が行っているのでしょう。

知花先生の講話の中で、「右脳と左脳の働きについて」という話があります。それによると、脳ミソは一切の考える力はありません。考えるのは、想念するのは、心が行っているのです。

心が想念すると、想念波動と云う波が発生します。その想念波動から、超微弱で、超精妙な磁気のような波が放射されていると思って下さい。その波動を左脳が吸引し、右脳から放射します。左脳は吸引する働きで、右脳は放射する働きです。そして、脳を通過するときに、脳が想念波動や磁気波を認識するのだと思います。認識することで、神経や細胞に伝わる神経波に変換し、今何を考えていたのか、何を想念しているのかが肉体意識で分かるのだと思います。

これが瞬時に、すごいスピードで行われているために、つい頭で、脳ミソで考えているような勘違い、錯覚をしてきたのだと思っています。

そして今後も必要な想念（磁気）波動は、この空間の中に保管して、不要なものは意識で消してしまえばよいと思います。空（くう）の中に保管されている想念波動は、また、必要な時に左脳で吸引して右脳で放射する方法で、脳に認識させ、神経や細胞に分かるように伝えることを、

「記憶を呼び戻す」ことだと思います。

この空間には計り知れない程の想念波動が放射されていますが、誰の出した波動か、いつ出したのかなど全ての働きをしているのは、超精妙な磁気波だろうと思います。

今まで人類が使っている磁気テープやビデオテープ、カセットテープ、磁気コンピュータなどは、粗雑な磁気波を色々の面で活用してきました。例えて言うと。一次元バーコードみたいな存在です。それが二次元バーコード、三次元バーコードの働きが出来たら、さらに無次元バーコードのような働き、それを「神技」と云うのでしょう。神そのものなのだと思います。

釈迦はこの空の世界を「慈悲」と呼び、イエスは「愛」と呼びました。知花先生は、「愛も慈悲も全て同じ全知全能の力ですよ」と言っています。

「愛とは、質料（母なる神、陰、－）とエネルギー（父なる神、陽、＋）が完全調和、完全バランス、絶対調和、絶対バランスの不可視、不可分の力ですよ」と、言っています。

ここに、長い棒状の磁石があったとします。片方の端はN（＋）、反対側はS（－）です。その棒磁石を半分に切断すると、片方がN（＋）、反対側はS（－）になります。どんどん短く切っても、片方にN（＋）、反対側はS（－）になります。1㎜くらいの厚さに切って、N（＋）とS（－）、それぞれが同時に存在しています。NとS、プラスとマイナス、陽と陰が同時に存在するのです。愛と全く同じ完全調和、完全バランス、絶対調和、絶対バランスが存在しているのです。

慈悲心とは、超精妙な磁気波が万能の働きをすることのようです。

話を元に戻しますと、私たちの心でつくる想念波動は超精妙な磁気波を出し、それが神技のような、神のような、万能の働きをいとも簡単にやっている。たとえば、自分の出した想念波動が放射され、良い思いも、悪い思いも働いて、3倍、4倍になって必ず発信元に戻って来ます。まちがっても隣に住んでいる人のところには決して戻りません。それは、想念を放射（発信）したときに、指紋みたいな、DNAみたいな、記号のようなものが磁波の中に入っているからだと思います。全て完全に行われているのです。

◆第7章◆

知花先生の講話「因果の法則」

因果の法則と云う言葉は、どこでも使われている、その、言葉でございますけども、これを具体的に知っている人はちょっと少ないと。因果の法則とは、即ち、原因と結果の法則でございますね。しかし何が原因で、何が結果で、そして原因と結果とはどういうものかと問われた時、誰も答えない。……いうもんでございますね。

因・果というものは、同じものでありますということをまず理解していただきたいと思いますね。原因と結果は違うものにはならないという意味なんです。原因と結果は一体ですか、二体ですか？　同じものですよと。

で、神は大原因と言われているわけです。そうすると結果は何でしょうかと。いうことになりますね。で、原因が神ならば結果は何になりますか？　原因が神ならば結果は？　神しかならないですね。

だから皆さん方は、このつくり主が神であるならばつくられたものは何になるんでしょうか？　神にしかならないんです。で、皆さん方は神がつくり主で、つくられたものは人間だという思いがあるのですね。つくられたものとつくり主は違うものにはならないんです。同じものなんです。原因が神ならば結果も神であるはずですね。

たとえば、神しかおらないという説明をしてみますけども、原因は霊と水、即ち、エネルギー、質料……人間が、この霊と水とで出来ているというならば、人間は即、霊と水であるはずですね。霊と水、これは原因ですから、大原因ですから。この霊と水がなければいかなるものも存在しませんので、神の国は霊と水の国ですから。

そうすると人間は何でしょうかと。人間は？ 霊と水ですね。だから原因と結果は、原因と結果は違うもの？ 同じもの？ 原因が神であるならば、その結果は？ 神になるはずです。しかし皆さん方は、原因は神で結果は人間だと思う。……そして、原因と結果は不可分である、離れることはできない。結果は原因から離れることとできますか？

この原因の世界のことを、皆さん、天と呼んでおるんです。結果のことを地と呼んでおるんです。原因と結果は、二体？ 一体？ 原因と結果は一体ですと。即ち、一体ということは同じものという意味なんです。

で、皆さんは分離感を持っているんですね。つくり主とつくられたものと。もし分離感がなくなれば、人と神との一体感ができるはずです。人と神との一体感と云うのは、即ち、原因と結果の一体感ですよ。分離できるんですか、出来ないんですか？　原因と結果は。切り離すこと出来る？　出来ない？

じゃあ、原因が無限であるならば、結果は、小さなものになるんですか？　原因が無限であるならば、結果は？　無限ですね。しかし皆さん方、無限だと思っていますか？　ということなんですよ。

えー、皆さん方は、神だと思ってるのか？　ということなんですよ。

……どうです？　人間だと思ってる？　それとも神だと思ってる？　原

因は神で結果は人間ですよと言うんですか？

だから、神は、自ら、自分に似せてつくっておられると。違ったものでつくっておられるんですか？　あなた方、神と少しでも違うところあると思いますか？　あると思う？　ないと思う？　原因が完全であるならば、結果は？　え？　完全であるはずですよ。神は人を自ら自分に似せておつくりになっておられると。……という意味がみなさんにはまだ理解できていないんですね。

神が、原因が完全であるならば、その結果も、完全であるはずですよ。完全であるはずです。しかし皆さん方は、本当にこの、父と子と一体というのは、親と子は同じものであると、いうことを知らねばなりませんね。そのことを、まだまだ、因果の法則というものが、口走ってはいるけれども、意味が分かってない。同じものであるということなんです。大原因であるならば、その結果も大きなもの。原因が無限ならば結果も無限。原因が全知全能であるならば、結果は無能なんですか？　どっち？全知全能ですよ。つくり主が全知全能であるならば、つくられたものは無力でしょうか？　え？　全知全能ですね。ここ、今日ゆっくり突きとめていただきたい。じゃあ、もしですね、人間が徐々に神になって行くんでしょうか？　人間は初めから神なんだろうか？

今から神になる人がいるんですか？　皆さんは、初めから神なんですか？　初めから神なんですよ。何かの修業をして神になるんですか？どうです！　初めから完全なんですよ。初めから神なんですよ。

あなた方は、今から神になろうとするならば、神にはなれませんという意味なんです。ならないという意味なんですよ。ならないという意味。意味分かりますか？　徐々に努力して神になるんですか？　初めから神だったんですか？　今即神。

だから、世の中には、人間はですね、何か特別な修行、何かしないと神になれないと教えられているのは、あれホントですか？　ウソですか？　ウソ？　ホント？……ウソですね。ウソですよ。

認めるだけなんですよ。容認するだけなんですよ。そうであると。

この認めることが、正道することであると、いうことなんですね。認めないものは現れようがないですね。自分が神であるということを認めなくても神を現わすことできるんでしょうか？　自分が人間だと思う人がですね、神を現わすこと可能？　不可能？　ん？　不可能ですね。

えー、神がですね、全知全能であるならば、原因が全知全能であるならば、その結果も全知全能。親が神ならば、この子は人間になるんでしょうか？　親が神で、子供は人間と、いうことありえる？　ないですね。

だからそのことを、よく皆さん方、分離感を、原因と結果の分離感を持っているんですよ。別のもんだと。原因は神なんですけど、結果は違うものなんですよと。違うものになり得るの？　このエネルギーと質料がものをつくったら、エネルギーと質料の他のものになり得るんですか、なり得ないのですか？　なり得る？　なり得ない？　なり得ないでしょ。

じゃ、全く神に似てませんか、みなさん？　ちょっとでも違うところある？　ない？　少しでも違うところある？　ない？　神ご自身に全く似せてつくられてますね。この手足があって耳があってという意味じゃないんですよ。意味分かりますかな？　あなた方概念でしかとらえないから、神さまに、自分の姿に似せてつくられて、指があって、耳があって、鼻があってという意味ですか？　ここが一番のみなさんの落し穴なんですよ。すぐ皆さん方は、概念でしかものを捉えないんですね。外観でしかものを捉えないからそうなるんですよ。

神が一切の力ならば、その結果も一切の力を持ってますと。ね。智恵があるならば、智恵そのものだと。力そのものだと。じゃ、無限なら無限そのものだということなんですよ。で、神が宇宙大であるならば、結果は？　宇宙大ですよ。じゃあ、全く似てませんか？　無限宇宙そのものが、原因が無限宇宙そのものならば、結果は？　小さなもの？　無限宇宙そのもの？　宇宙そのものですね。全く似てますよ。ちょっとも狂ったことがあると思う？　ないと思う？　原因と結果は少々の狂いでもあると思う？　ないと思う？　違うところがある？　ない？　全く違わないですね。そこをホントにあなた方が、この原因と結果は同一のものであると、一つのものであると、ね、いうことが理解できました時、もうそのものですね。

じゃあ皆さん、そのものになったら何か努力が必要ですか？　必要？　不要？　何と言うと思います。事は終わった。事終われり。もう全ては終わった。分かりませんか？　続くまだ？　事は終わったというんですね。事終われりと。じゃあ、そのものになったならば、それ以上何をすることがありましょうかと。あとは現わすだけですね。顕現するだけですね。

だから、皆さん方は、本当に、内観せよ、憶念せよというのはその意味なんですよ。皆さんは何処を見ているのかと言いたいんですよ。その表現の世界を見て、表現者である、その絶対実在である神を見てないというだけなんですよ。表現にしか過ぎないんですよ、この形の世界というのは。

えー、このエネルギーと質料というものがなかったとすれば、いかなるものも存在できないんですよ。このエネルギーと質料がものをつくりますので、このつくられたものの中には、必ず、このエネルギーと質料が宿ってなければなりませんね。宿ってなければならないんですよ。だから別のものには、なり得ないんですよ。なり得る？　なり得ない？

　だから神は変化するの？　変化しないの？　する？　しない？　変化と書くんですか？　不変と書くんですか？　神は、不変、不動ですね。不動ですよ。だから、皆さん方は、まだまだ、本当にこの原因と結果は一体ならしめているのか、それとも分離感を持っているのかと。

　あなたは一体感ができたら、あなたは人間になるんですか？　神になるんですか？　成るとか成らないとかってものは、本当は、言葉では言い表せないものなんですね。成る、成らないもないんですよ。本当は。

成るとか成らないとかあるんでしょうか？　そのままなんでしょうか？　そのままですね。成るとか成らないとかと言うのはですね、言葉としては適当ではないんですよ。そのままにして、そのままなんですね。そのままですね。

だから皆さん方は、非常に、いろいろの観念的、概念的な、考えが、それを妨げてますね。妨げていますよ。見える世界のことで、ものさしで、見える世界のものさしでしか、ものを捉えようとしないから。観念の世界、概念の世界で、ものさしで、ものを測ろうとするから、測れるもんじゃないんですよ。測れるものなの？　測れないでしょ？　無限を測るには、無限を持ってこなくちゃなりませんね。無限を受けるには、無限なる器を持ってこなくちゃならないんですよ。

だから、皆さん方は、本当に、そのままにして自分は、初めからおるところであり、今おるところであり、未来永劫におるところなんですよ。だから久遠なんですよ。久遠。

あなたは神以外の何ものにもなれません。……ということなんですよ。なれる？　なれない？　神以外の何かに、皆さん、なれるんですか？　なれないですね。

（知花敏彦先生の講話シリーズＤＶＤ「因果の法則」より抜粋）

結果は人間

私、風天は「全ての原因は神で、結果は人間だ」と云う固定観念を何十年も持ち続けていました。話の中にある、素直に認める、それだけでいいのです。ただ認めるだけで良いのです。

講話を生で聴いている時も、とにかく素直に認めるだけだと思って聴いています。１００回以上も聴きながら、ただ素直に認めるのだと自分に言い聞かせています。

「認める」と思っても、ただ口先だけで認めているようで、本当には認めていないような気もしてくる時があります。ただ素直に認めるだけ、「素直に認める」とは、どうしたらよいのだろう。……いつもこんなジレンマに陥ってしまいました。

なぜなら、自分で認めると思っても、その認めたという実感が湧いてこないのでした。ただ素直に認めるには、どうしたら良いのか……

講話テープの中に、

「神を素直に認めなさい。その認め方をお教えしましょう。それは、ただ素直に認めなさい……」

しばらくして更に、

「神の認め方をお話しします。それは、素直に認めなさい。それだけで良いのです」

ある時、すこし遊び心を持ちながら、自分で話すのです。

「神の認め方をお話ししましょう。それはですね、素直に、ただ、ただ、

素直に認めなさい」……と言った瞬間、

「わかった!……ただ、素直に認める!……」

初めて実感みたいなものが湧いてきました。

「そうだよ~、ただ認める。それだけです。素直に認めるだけ」、それだけだったのです。

長い間、頭を使って、頭だけで考えていたのでした。頭ではない、心で「素直に認める」とやさしく思うだけだったのです。「頭を使うと認めることが不可能」と云うことが分かりました。

ただ、ただ、ただ、認める……だけだったのです。少しでも頭を使っていると、心が働かないような感じでした。ただ心で、ゆっくりと認めるだけでした。

知花先生のCDをセットしたラジカセを側に置いて、瞑想スタイルをとっています。CDの音声を流します。知花先生が、「神の認め方をお教えしましょう。それは、素直に認めなさい……」

CDを止めて、ゆっくり心で、「我は神なり……」

そのまま余韻を大切に、ず〜っと引っぱっているような思いで瞑想状態を続けます。少しずつ、少しずつ、瞑想が深まってくるような気がしてきます。

そのような瞑想を続けていると、毎日の生活が変わってくるのです。何をしても楽しいのです。いつでも、どこでも、やさしい人に出会います。自分の思っていたことの具現化が速くなります。私自身、誰に対してもやさしくなっていきます。研究開発にどんどん智恵が入って来て、気付きが多く現れるのです。……などなど。

◆第8章◆

研究のテーマは毎日の生活に宇宙エネルギーを使う

２５年間ず～っと研究開発を楽しんできました。

「毎日の生活に宇宙エネルギーを使う」

会社のパンフレットやホームページには、必ず「宇宙エネルギー」と云う言葉を使ってきました。その宇宙エネルギーという言葉が曲者なのです。

最近でも、まだその可能性はありますが、「宇宙エネルギーと云う言葉を使っている会社は、サギだ」と言われたのでした。当然、金融機関からは「要注意」の目で見られてきました。

その世の中の偏見にめげず、宇宙エネルギー研究は、一歩、一歩、確実に進化してきています。

アクエリアスの風

２年前に開発した「アクエリアスの風」と云う、エネルギー発生装置が多くのお客さまの心を捉えてくれました。

直径１５センチ、高さ３０㎝の筒状の器具と特殊鏡をセットして使用するものです。筒状の中には、純チタン製のプレートが４９枚配置されており、その他、水晶やダイヤモンド、酸化チタン、セラミック、ＬＥＤライト、アルミ箔、鏡などでできています。

その筒から出た光が、特殊鏡に当たり、エネルギー変換して元の筒に戻ります。出てくる光と戻る光が交わるところで、常に変化している光エネルギーが出来あがると云う発想です。そのエネルギーは肉眼でも、どんな装置を使っても測ることのできないエネルギーだと思います。

エネルギーがあるかどうかを確かめるには、コーヒーやお酒、メガネや補聴器、果物、お菓子、化粧水、香水、悪臭の化学薬品などをかざすと、一瞬にして変化します。

厚さ5㎜位の鉛の板を筒状に加工し、その中にコーヒーやメガネを入れ、しっかりフタをして、「アクエリアスの風」の光をあてます。すると、中のコーヒーやメガネが同じように変化します。それは鉛の板を光が通過して、中のものに変化をもたらす、超伝導風のエネルギーだと思っています。

放射能は鉛で遮断できるので、放射能よりも精妙なのだろうと思っています。

調和、バランス、愛のエネルギーか

そのエネルギーに、他に聞いたことのない、信じられないような現象が起きるのです。メガネは、かざせば自分の目にピッタリあたった感じで、ハッキリ見えたり、明るく見えたりします。コーヒーやお酒の味は、自分の好みの味に変わって行くのは当たり前だと思っています。

自分の履いているクツをかざすと、どうなるでしょう？　これが楽しいのです。クツって一体何だろう？　首をかしげる人、ビックリして目を丸くする人、驚いて大きな声を出す人など、さまざまです。

今履いているクツを片方ぬいでもらい、30秒ほど光であぶるように
ゆっくり動かしています。さあ、出来あがりです。早速、履いてみて下さい。

みんなが何が起こるか不思議そうに見守る中、ゆっくり履いていきます。足にはまって、軽くトントントンのような動作をします。

「ええ～！　足にピッタリ吸いつく感じ」

「土踏まずが締まった」

「このクツ、最近、ブカブカしてきたの。それがピッタリと合っている」

「クツが、足が、軽くなった。反対側のクツも早くやって下さい」などなど……。

中には、「最近、足がむくんで窮屈で痛かったのに、それが戻った。これ、本当に不思議だね〜」

自分のクツが、自分の主人の足のサイズにピタッと合うように変化するのです。

「なぜ、変化するの?」

それはですね、クツがあなたの足のサイズを知っているからです。調和、バランス、愛のエネルギーが入ると、クツと足を調和させる力が動き出し、足のサイズに合わせてしまうのです。

それが調和、バランスの力です。クツも足も、それを見ている周囲の人たちも、大喜びです。

私は、そばで観ていながら遊んでいます。

「風天さん、どうしてこんなに変わるのですか？」

たぶんですね、あなたの足をつくっている分子もクツをつくっている分子も同じ原子と電子、中性子で、できているのだと思います。

その中性子は、あなたの生命、クツの生命みたいなもので、空の中に編満してある愛と同じ存在で全部一つの世界なのです。

私は説明を理解してもらうことがむずかしいと思った時は、別の正解を出すのです。

ねえ～、あなたのクツはすごいですね～。足とクツの共同作業で、周囲みんなをこんなに喜ばしてくれる。あなた自身も喜んでいる。人を喜ばせる天才かもね……足さん、クツさん、ご登場ありがとう。

◆第9章◆

宇宙のともえのエネルギー

この章が、この本のメインディッシュになるかもしれません。

この三次元の世界は、全て3つの世界から出来ています。それは霊界、幽界、肉界であり、それは気体、液体、固体であり、それは空気、水、氷であります。その3つが三位一体である、三つ巴（みつともえ）であるのです。　その意味は、「3つは1つですよ」と云うことです。

肉体、幽体、霊体は、それぞれ肉体波動、幽体波動、霊体波動で、この3つの波動が別々ではなく一体として存在しています。3つは一つですよと云う意味です。霊体が一番高波動のため、3つ全てが霊体波動なのです。それを私たちが勝手に、分けてしまっただけです。

感覚、感情、感性の三位一体とは、その3つが一つですよと云う意味です。感性とは、仏性、神性のことを表しているのです。三位一体の立場で観ると、感覚体や感情体の低いバイブレーションも、本当は、神性、仏性と同じレベルの波動なんですよ。それを区別、差別するのはあなたの意識の持ちようで変わってしまっているだけですよ。

良く観て下さい。「全てが神」と云う言葉、「神しか存在しない」と云う言葉がありますが、その通りに素直に観れば、全てが同じバイブレーション、全てが同じ感性（神性）なんですよ。それを三位一体と云うのです。

三次元の肉界、幽界、霊界も、別々に存在するのではなく、三位一体

心
霊体
肉体
肉体
幽体
口
三位一体

なのです。全てが一つの霊界しかないのですよ。それを姿・形や表現しているときの波動を見て、肉体波動や幽体波動と言ってますが、心静かにして、きれいな心で観ると、三位の、３つのバイブレーションではなく、一体として、一つの、霊界のバイブレーションだと分かってくると思います。

神の存在、空、天の父、キリスト

究極の宇宙の存在を釈迦は「空（くう）」と呼び、イエスは「天の父キリスト」と呼びました。日本では、いざなぎの神（男の神）といざなみの神（女の神）が淡路島で結婚して、神になったとあります。

この宇宙に存在しているものは、肉眼では見えない空・真理と、肉眼で見える色（しき）・物理しかないのです。

さらに「色心不二（しきしんふじ）」として、見える物理も、見えない真理も、二つありません、全て同じ一つですよ。それを、宇宙は一つ、真理は一つ、神は一さまと言っているのです。

父なる神と母なる神

イエスの説いた、父なる神と母なる神、能動と受動、エネルギーと質料が一体として存在する愛と云う真理は、とても分かりやすい表現だと思います。

無限大のエネルギーと無限大の質料で、無限大の愛。それを大愛、天の父キリスト、原因なき原因と呼び、初めから宇宙に存在し、満ち満ちている、宇宙エネルギーのことを指しています。

全ては空、全ては中庸

釈迦は、この見えない空（くう）の中に仏智、叡智をはじめ、全ての全てが在ると言っています。あなたの思うもの、意識するもの、想念するもの、あなたの認めるもの全てが存在し、全てを現わすことができると言っています。

いざなぎの神といざなみの神

日本では昔からの神話として伝えられているのですが、淡路島で、いざなぎの神といざなみの神、つまり男の神と女の神が結婚して子供が出来たと言っています。その結果、神の戸が開かれたと書かれています。

釈迦、イエス、日本の神話は全て同じことを言っているのです。

釈迦はエネルギーの存在のことを空（くう）と言っています。イエスは、それをキリストと言っています。キリストとは、キリスト↓クリスト↓クリスタル、つまり水晶と言っているのです。

水晶とは、水（質料・陰）と晶（エネルギー・陽）が一つになったもの。水晶は透明で見えないけど、空（くう）と全く同じ意味なのです。

日本での淡路島とは、淡の「シ」さんずいは水のことで、「炎」は「昌」と書くのです。つまり、水と昌で、水昌（水晶）のことを指しています。

これが、初めから無限に存在するエネルギーのことを、宇宙エネルギーのことを、力のことを指しているのです。

みずほの国日本、みずほとは、水炎と書くのです。水晶のことで、神の国と云う意味です。

意識と息子と子供

空、キリスト、淡路、無限に存在する力を使うためには、どのようなことをするのか、働く方向を決めてやらなければならないのです。

たとえば、右に行くのか左に行くのか、分解するのか結合するのか、温めるのか冷たくするのか、強くするのか弱くするのか、どんなことも働く方向性を決めなければ、働きようがないのです。

その方向を決める役割が意識であり、想念であり、思うという行為です。逆に言えば、あなたの思ったこと、想念したこと、認めたことは必ず現れると云うことです。

あなたは、あなたの思った通りのものであって、それ以上でもそれ以下でもありません。

あなたは今、思っている心そのものの心が、あなたであり、神そのものなのです。神の心、神の想念だから必ず、具現化するのです。

三位一体の宇宙法則

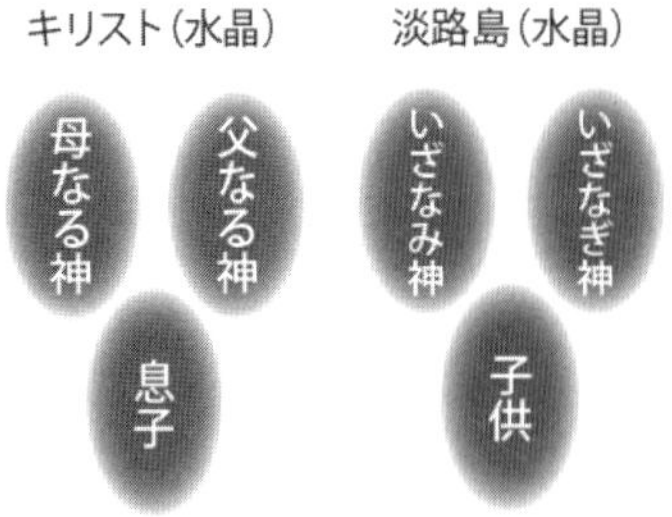

◆第10章◆

3つどもえのエネルギー

原因の世界は全て空（くう）です。空の中には能動原理（陽）と受動原理（陰）が同居しています。

誰かが、何かを意識することで、空が働き出します。意識したり想念することにより、その意識波動、想念波動から出る超精妙な磁気波が、具体的な働く方向を決めて働いているのです。

能動原理と受動原理と想念波動（自らの心、つまり息子のこと）の3つが一体となって、三位一体となって働き出すのです。

天の父キリストは全知全能の力を持っているが、何の働きもしません。それは、働く方向性が決まってないからです。その方向性を決めるのが、キリストの一人息子です。

天の父キリストの中には、父なる神（陽）と母なる神（陰）が同居しています。そこへ働く方向性を決める息子が加わり、三位一体、ともえエネルギーとして具体的に働き出します。息子の思ったこと、想念した通りに、どんな働きも、どんな智恵も現れるのです。

息子とは、「天の父以外は全て息子ですよ。全てが一つの息子ですよ」……これが一人息子という意味です。イエスだけが一人息子とは、大きな、大きな、まちがいだったのです。

日本の神話　淡路島

神話として伝えられていますが、神の話、エネルギーの話、真理の話は全て「たとえ話」です。

淡路島には、いざなぎの神といざなみの神が結婚して同居しています。そこから生まれた、現れた子供（息子）が全ての働く方向性を決めるのです。

いざなぎといざなみと息子の三つどもえ。三位一体で、どんなことも可能になるのです。

地上で働く「ともえ丸」エネルギー

この世、あの世、神の世。三次元の全てのエネルギーは、初めから存在する、原因なき原因と云われる宇宙エネルギーしかありません。逆から観れば、「この宇宙エネルギー、空（くう）の中に全てのものがありますよ」と云うことです。

この宇宙エネルギーの中へ、全てのエネルギーの中へ、自由に出入りできるのが心という存在です。

２０１６年の初め頃から、なんとなく、ボヤ～っと、三つともえのエネルギーの使い方が見え始めてきたのですが、最近はハッキリと、そのメカニズム、システム、使い方が見えて来ました。これを自由に使って、多くの人たちの幸せにつながるのは間違いないと、社内で、みんなで喜び合っています。

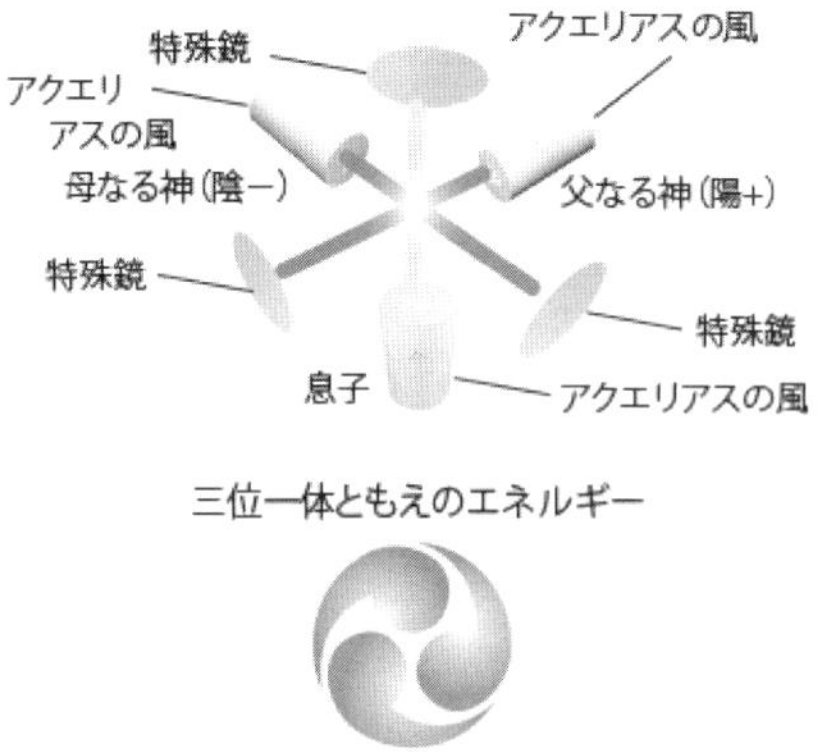
特殊鏡
アクエリアスの風
アクエリ
アスの風
母なる神（陰－）
父なる神（陽＋）
特殊鏡
特殊鏡
息子
アクエリアスの風
三位一体ともえのエネルギー

風大和における「ともえ丸」装置

前頁のイラストのような形をしています。「三つともえ」です。1本が父なる神、1本が母なる神、1本が息子です。息子とは、神自らの心です。私自らの心で、自分の心のこと、自分の意識のことです。あなたのことなのです。

「三つともえ」、三位一体とは、「3つが同じエネルギーですよ」と云う意味です。この「ともえ」に自分の心を移せば、私、風天ではなく、神として働くと云う意味です。

たとえば、原因と結果と息子が三位一体として、1本を原因、1本を結果、そして1本を息子（自分の心）として、3本が全部自分ですよと意識するのです。

原因の世界の神と、結果の世界の色（しき）・物理に、自分の心が、魂のような存在が入っているので、良く働いてくれるエネルギーのような存在になるのです。

0磁波、酸化還元、超伝導のエネルギー

父、母、息子の三位一体の「ともえエネルギー」は、全宇宙の力を自分の心で自由に使う、宇宙エネルギーの存在と創造主（想像から始まり創造のプロセスを経て結果が出る）、想像と創造と結果の「ともえのエネルギー」のことです。

宇宙に一つのエネルギー体、意識体ですから、全て、時間も、空間も、量子力学も超越した、超伝導の世界です。

「ともえ」は既に、超伝導の科学の世界なのです。いくら使ってもエネルギーのなくならない、酸化還元の世界です。どこをとっても、完全調和、完全バランス、0磁波の世界です。別名、大愛・慈悲心の世界なのです。

◆第11章◆

地上で使うともえのエネルギー

一番初めに思い浮かんだのが、電気コード（延長コード）だったのです。その訳は、２０年前にさかのぼります。

また知花先生ですか？　そうです、また知花先生です。先生の朝の講話を聞き、朝食をおいしく頂き、ゆっくりしているところへ知花先生が私に声をかけてくれました。

「重川社長、もし時間があったら一緒に研究所へ行きませんか」

私は喜んで先生のクルマに乗せていただいて、当時、先生が顧問をしていた環境保全研究所へ着きました。

先生が、

「あなたに面白いものを見せてあげますよ……」

工作機械がいっぱい置いてありました。そこに高さ４０㎝位の木製の台がありました。先生は側にあった、たて５０㎝、横５０㎝位の分厚い銅板を角度４５度位にして立てかけました。そしてその銅板に、キャラメルの箱くらいの磁石を載せました。でも銅と磁石は引き合わないため、磁石はブルブルと滑り落ちました。当たり前の光景です。

次に先生が、その磁石を斜めの銅板に載せ、左右に少し動かしました。すると、銅板と磁石の間に磁界のような力が発生し、その磁石が左右に移動しながら、ゆっくり時間をかけて、ずり落ちてくるのです。

先生が一言。

「これ、おもしろいでしょう」と、ニコニコ顔……。

私は、

「おもしろいですね」と、ニコニコ。

これで、この話は全て終わりですが、私はなぜ先生が、わざわざ私に銅板と磁石の反応を見せてくれたのか分かりませんでした。私の中では、「何かとても重要な意味のあるものだろう～」と、ず～っと温め、心の中にとってあったのです。

その銅が、２０年ぶりに電気の銅線コードに繋がったのです。先生が見せてくれた銅板には、とても大きな開発のヒントになる予感が着々と進んできています。

「ともえ丸」装置ができたとき、私はすぐ銅線の「延長コード」を買ってきて、昼間は「ともえ丸」装置の中に入れておき、夜にはコードを持ち帰り、布団の中で私と一緒に過ごすのです。１０日間位毎日、同じことをやっていました。

私は何かを開発するときには、夜はいつも布団の中で一緒に過ごすのです。そうすると、その道具や物が私に教えてくれるのです。それは声なき声ですが、よく分かります。

「そろそろ、このコードの力を確認したら……」と。

翌日、パソコンやラジカセ、ヘアドライヤーに試したら、誰でもハッキリ分かる状態にまで変化しているのです。それも、私の予想以上に変化しています。

たぶん、銅線の分子配列などがよりきれいに整列したのではないかと思っています。その整列した分子間に、調和のとれたエネルギーが入り込んだのだろうと思っています。

今までは、水晶と純チタンはとても素直に私の思いを取り入れてくれるので、ほとんどの装置に活用してきました。銅の場合、私の思いを本当に大切に受けてくれる母性愛を感じるような気がします。

パワーコードあいせん

ともえエネルギーができたのが、1年前です。しっかり完成したのが、半年前でした。私は、ともえエネルギーに無限の可能性を感じています。エネルギー発生装置やエネルギーグッツは五官の世界で感じる人が少なく、分かりにくかったのですが、今度の「パワーコードあいせん」は誰でも感じることができるのです。テレビ、パソコン、電気カーペット、ラジカセ、ステレオ、ドライヤー、電子レンジ、エアコン、洗濯機……「パワーコードあいせん」を繋いだだけで、全ての電化製品の能力が上がるのです。

たとえば洗濯機、「パワーコードあいせん」を通してコンセントにつないだだけで、洗濯物が白くきれいになるのです。しかも、柔軟剤を使用しなくてもファーっと、ソフトに仕上がります。こんな話、信じられますか?

とくに音に関しては、大きな変化が現れます。

昨年の12月イベントで、元NECで、音の仕事に関わっていた人のコメントです。「今聞いた音源は、60年前から音の研究者たちが求めていたまぼろしの音のようかもしれません。」

又、東京の展示会場で群馬からきたという40代の男性。

もの静かにラジカセを聞いていました。

「これ！　すごいですよ。おれは、ホルンの演奏をやっていますが、ホルンの低い音がこれだけ、こんな音響設備でしっかりでるのは、信じがたいですね。」

とにかくすごいと思います。

おそらく今の、現役バリバリの科学者に言えば、

「ともえエネルギー？　なんじゃそれ？　そんな理論、世界中のどこにあるのだ。文献にもないものを信じる方がおかしい。あなたも風天にだまされないで……」

今の電気、電化製品からは身体に悪い電磁波が大量に出ています。その身体に悪い電磁波を、身体に良い癒しの波動に「パワーコードあいせん」が変換するのです。テレビから、パソコンから、ドライヤーから、エアコンから出る波動が身体を癒してくれるのです。それは使えば、誰でもがすぐに実感できるのです。

「パワーコードあいせん」によって奇跡のようなことが、あっちでも、こっちでも起こりはじめています。それは私、風天が最も嬉しい幸せを感じる話なのです。

「パワーコードあいせん」を使っている家庭では、みんながとってもやさしく仲良くなっています。長年、仲の悪かった夫婦や親子、兄弟が本当に仲良くなってしまうのです。それを聞いたあるご婦人が、「でも、うちの旦那には無理かもねえ〜」

ところが、「パワーコードあいせん」を1週間、2週間、3週間と使っていると、ついに変わったのでした。やさしく、「ありがとう」と云う言葉を発したのです。美人のお母さん、やったね！　でした。こんなマンガみたいな話、信じられますか？

「パワーコードあいせん」の一番の大きな効果は、心がやさしくなる、それも超スピードです。

このやさしい心が、どんどん放射されて行くことが、人々の幸せに繋がると思います。やさしさは、希望の光です。希望の光が、電線を銅線を通して「伝染」して行くのです。

電線が日本全国に、世界中に配線されています。ましてや、電気はプラスから出てマイナスを通って元に戻ります。東京電力の福島原子力発電所にも、ともえエネルギーが伝わって行くのです。

ともえエネルギーが、電気を通して地球上あちこちに、動きまわることが充分可能だと思っています。

電気は本当は、超伝導の世界だと思っています。今までの人類の思い込み、固定観念、固定概念で、大きな大きな間違った力をつくりあげたのだと思います。

それは電気は、銅線を通る時に抵抗力を受ける。

多くの人が長い時間をかけ、つくりだした、マイナス面のプラシボー効果だと思います。

人類の集合意識が変われば、元々の超伝導の世界に戻るだろうと思っています、偏見のかたまり、仮説の天才、風天の思いです。

酸化しない油づくり

市販の一番廉価のサラダ油を使用します。何十リットル、何百リットルをステンレスタンクやチタンタンクに入れ、ともえエネルギーを注入します。

注入のやり方としては、ともえエネルギーの空気をコンプレッサーで圧力をかけ、それを直接、油にブクブクとはげしく吹き込みます。一定時間吹きこんだら、少し休ませる。そしてまた吹き込んでは、休ませる。そのくり返しをしながら、油にそのエネルギーを記憶させるような思いで造りあげて行きます。

途中の段階で、油の臭いが一切なくなります。口に入れても、目に入れても、鼻に入れても、お肌につけても、何の違和感もありません。逆に目が良く見えるようになったり、鼻の働きが良くなったり、アレルギー反応がなくなったりします。

臭い、かたさ、色などと肌につけた感触、浸透性などをチェックしながら、1日で完成します。

今、お使いの食用油に5%~10%まぜるだけで、何回も天ぷらを揚げても酸化しないのです。そして揚げた天ぷらは、エネルギーが入っているからおいしいのです。普段の倍以上食べても胃もたれせず、消化してしまいます。

毎日、おいしい酸化しない油が体内に入ると、体内の酸化した油（それが肥満の元、ぜい肉の元です）が還元された油として、燃えてエネルギーに変わります。

油はエネルギーが高いから、大きく働いて、すぐに酸化するのです。酸化とはエネルギーがなくなったことを云うのです。

いくら使っても酸化しないということは、エネルギーを使った分だけ、空間からエネルギーを呼び込んでいるということです。

人間の体も酸化します。それを「老化」とか「衰えた」と言います。

顔のシワ、シミ、黒ずみも全部酸化です。

この還元エネルギーが体に入ると、シミも、シワも、黒ずみもなくなり、赤ちゃんのようなつるつるの張りのある美しい肌になっていくと言っています。それを「若返り」と云うのです。油だけでなく、水も、空気も、還元されると老化する人がいなくなるのです。

病気もほとんどが酸化です。しっかり還元力が働き始めると、病気も激減すると思います。

エネルギーを使った分だけ空間から取り入れる。それが酸化還元です。今の科学にはない発想です。

ともえエネルギーを直接頭に当てる

最近、風天教室やイベントのときに「ともえ丸装置」を会場へ持ち込みます。顔が丸ごと見える鏡も用意しておきます。目的は何でしょう？

これが始まったのは、2月の健康博のときからでした。70代、60代の二人のご婦人が、見学に来られました。大阪風に言いますと、「大阪のおばちゃん二人」です。

「ともえ丸」に手をかざして、「手が気持ちいい。体まで暖かみが伝わって行く。これ、すごいね」と。

「風天さん、ここへ顔をつっこんだらどうなるの？」

私は、「若返ると思うよ」と、冗談のつもりで言ったのですが、私が目を離した間に、あんなせまいところへ無理やり顔を入れてしまったのでした。

30秒ほどして顔を出したら、みんなビックリ！　顔が穏やかな、やわらかく、角のとれた「いい顔」になっていたのでした。みんなで、「早く、鏡、鏡を」と言いながら、小さな鏡で顔を写していました。

本人も、「わあ、いい顔になっている……」と。

もう一人のご婦人も「どれ、私も」と顔を突っ込んで、

「もういいかい？」

「もう、いいと思うよ」

そのご婦人の顔も「いい顔」になっているのです。この勇気ある二人の「おばちゃん」が火付け役でした。それからは、ことあるごとに顔を

突っ込んでいる風景が見れられるのでした。

でも本当に変わるのです。パワーコードよりも、サラダ油よりも、超スピードで変化するのです。

顔を入れる前にアドバイスします。

「必ず変化するから、心でほほ笑んできれいな顔をイメージしてください」

頭は体全体の代表みたいなものだから、頭だけで体中が元気になることをしっかりイメージして下さいね。

「みんなが幸せになる希望の光を想念して下さい」

すごい変化が起きます。

さあ、あなたも若くなってくださいさい。

【あとがき】

世の中は精神文明（エネルギー文明）へ動き出しています。

アメリカのトランプ大統領が世界中の人の関心、話題の中心となっています。

私、風天から見たら、トランプ大統領の思うこと、言葉にすること、行為、つまり心口為が同じでこんなにわかりやすい政治家はいないと思います。

就任2ヵ月で大きく物質文明を揺るがしています。物質文明とは、お金や物の経済だけではありません。目で見ることのできる物質（固体）だけを見てつくりあげた、人類の集合意識、固体観念、固定概念が物質文明の一番大きな力だったのです。

1週間で世界中の物質文明の固定概念をひっくり返してしまいました。

まずマスコミと政治、今までの政治はマスコミを敵に回したら政治ができないと、マスコミにはまるで腫れものにさわるように気を遣ってきたと思います。大手マスコミと政治家が一緒に政治をやってきたと言っても過言ではないと思います。

マスコミにむかって「お前たちはウソつきだから来るな！」と大手マスコミを追い出しました。ビックリしたのは大手マスコミで、いくら頑張ってもトランプさんには通用しませんでした。

トランプさんの書くツイッターが、大統領の考えや情報を伝える役目です。世界中のマスコミや各国の指導者は、そのツイッターを見ないと仕事が出来ないようになってしまいました。たったの1週間です。

次に、トランプさんが出した、大統領令は特定の外国人を入国させない、世界中の国やマスコミが大騒ぎ！「多くの人を拘束した」と。トランプさんを「こんな悪い大統領は他にはいない」と、すごい剣幕で問い詰めました。トランプさんは堂々として、「アメリカが拘束したのは、たった１０９人です」と。するとマスコミなどの声が、小さくなったように思います。トランプさんの心の中では、「今までの大統領や各国の指導者たちは、表に、マスコミに出て来ない、もっともっと多くの人を拘束したり、傷つけたりしていることを私は知っていますよ」と言わんばかりの堂々とした態度でした。

今までの政治家やマスコミがとってきた手法は、裏でコソコソして、とても陰湿（陰質）だったと思います。　陰質とは、物質（陰性）文明からの発想です。

これからは、陽質（陽性）、精神文明へと少しずつ動き出しているとだと思います。

最後に、私の友人に中尾龍一さんがいます。中尾さんは、『月刊誌アネモネ』の初代社長兼編集長です。２５年前に知花先生の紹介で知り合いました。知花先生は、「二人ともまだ若い、真理を受け入れ、大きな心になり、これからの地球、人類のために働いて下さい」と。…からのスタートでした。

この度も、本の原稿を送りました。中尾さんから、「風天さん、本の内容、とてもいいですよ。超伝導、酸化還元の内容も全部信じられるよ。本当にもうそのエネルギーのときが来ているのですね」と言われました。

２５年前、知花先生は中尾さんに、「今のエネルギーは、全て摩擦のエネルギーなのです。人類は『摩擦の文明』を選んでしまったのですよ」と話されたそうです。

今の科学は、全て摩擦のエネルギーで、愛と調和のエネルギーの反対なのです。例えばクルマが走るのも、電気の発電や使い方もほとんどが摩擦エネルギーです。そのため、電化製品は全て身体に悪いのです。

これからは、愛のエネルギーに変わって行くのだと思います。

重川 風天

著者：　重川風天　（しげかわ　ふうてん）

風大和研究所顧問 昭和１９年生まれ。新潟出身。真冬の滝業や断食、インド釈迦の聖地の巡礼、仏教、キリスト教、生長の家、神道等々を体験。
苦行や宗教はまったく不要と思っています。現在は宇宙エネルギーの使い方の研究に力を注ぎ、化学物質の毒性を消すことや特に無肥料、無農薬の農業の研究に力をいれています。知花敏彦師の伝える真理に近づくための努力中です。

著書
『誰でもが幸せになる　プラチナの風がふく』『雑念の湧かない　あいの瞑想法』『知花先生に学ぶ　風天のおもしろ話』『この世の錯覚とカルマ解消法』

神は、やさしい科学

平成２９年３月20日　第１刷発行

著　者　　重川風天
発売者　　斎藤信二
発売所　　株式会社　高木書房
　　　　　〒１１４-００１２
　　　　　東京都北区田端新町１-２１-１-４０２
　　　　　電　話　　０３-５８５５-１２８０
　　　　　ＦＡＸ　　０３-５８５５-１２８１
　　　　　メール　　syoboutakagi@dolphin.ocn.ne.jp
発行者　　重川圭一
発行所　　風大和研究所　株式会社
　　　　〒144-0034 東京都大田区西糀谷 1-22-19-301
　　　　　TEL 03-5735-3511　FAX 03-5735-3512
　　E-mail : kazeyamato@futen.info
※乱丁・落丁は、送料小社負担にてお取替えいたします。
※定価はカバーに表示してあります。

 ISBN978-4-88471-451-2 C0211 Printed in Japan